天才軍師・張良の霊言
真の参謀の条件

大川隆法

Ryuho
Okawa

まえがき

秦《しん》の帝国《ていこく》を滅ぼし、英雄・項羽《こうう》将軍と雌雄《しゆう》を決して、大漢帝国を建てた高祖《こうそ》・劉邦《りゅうほう》の三傑《さんけつ》の一人、軍師《ぐんし》・張良《ちょうりょう》の霊言である。収録されたのは半年ほど前だが、基本的教訓は大きくは変わるまい。

私どものように宗教法人「幸福の科学」や政党「幸福実現党」を建てているところでも、天才軍師は欲しい。

すでに大企業になっているところや、ニュービジネス界でも事情は同じだろう。最終責任を負う大将であっても、軍師・参謀は必要だろう。

では天才軍師・参謀の条件とは何だろう。真の参謀は物事をどのように考え、見通すのだろうか。これからの日本政治を考える上でも、貴重な一冊であるといってよいだろう。

二〇一三年　七月三十日

幸福実現党総裁《こうふくじつげんとうそうさい》　大川隆法《おおかわりゅうほう》

真の参謀の条件　目次

真の参謀《さんぼう》の条件

——天才軍師・張良《ちょうりょう》の霊言《れいげん》——

二〇一三年一月二十日　収録

東京都・幸福の科学　教祖殿《きょうそでん》　大悟館《たいごかん》にて

「霊言現象《れいげんげんしょう》」とは、あの世の霊存在の言葉を語り下ろす現象のことをいう。これは高度な悟《さと》りを開いた者に特有のものであり、「霊媒現象《れいばいげんしょう》」（トランス状態になって意識を失い、霊が一方的にしゃべる現象）とは異なる。外国人霊の霊言の場合には、霊言現象を行う者の言語中枢《ちゅうすう》から、必要な言葉を選び出し、日本語で語ることも可能である。

なお、「霊言」は、あくまでも霊人の意見であり、幸福の科学グループとしての見解と矛盾《むじゅん》する内容を含《ふく》む場合がある点、付記しておきたい。

真の参謀《さんぼう》の条件

―天才軍師・張良《ちょうりょう》の霊言《れいげん》―

二〇一三年一月二十日　収録

東京都・幸福の科学　教祖殿《きょうそでん》　大悟館《たいごかん》にて

張良《ちょうりょう》（前三世紀～同一八六）

中国の秦《しん》末期から前漢《ぜんかん》初期にかけての政治家、軍師。字《あざな》は子房《しぼう》。太公望呂尚《たいこうぼうりょしょう》の兵法書とされる『六韜《りくとう》』『三略《さんりゃく》』を学ぶ。劉邦《りゅうほう》（漢の高祖）に仕えて多くの作戦を立案するなど、漢王朝の成立に大きく貢献《こうけん》した。蕭何《しょうか》（宰相《さいしょう》）や韓《かん》信《しん》（大将軍）と共に「漢の三傑《さんけつ》」とされる。無欲、無私の人として知られ、劉邦の死の九年後に、天寿《てんじゅ》を全うした。

質問者　※質問順

武田亮《たけだりょう》（幸福の科学副理事長兼《けん》宗務《しゅうむ》本部長）
石川雅士《いしかわまさし》（幸福の科学宗務本部第一秘書局局長代理）
國領豊太《こくりょうぶんた》（幸福の科学宗務本部第一秘書局部長）

［役職は収録時点のもの］

1 「真の参謀《さんぼう》」が求められる現代

「漢《かん》の三傑《さんけつ》」の一人、張良に「参謀《さんぼう》の本質」を訊《き》く

大川隆法　当会は、「三国志」や「明治維新《いしん》」などに関心があり、よく、その時代の人物たちの霊言《れいげん》を収録していますが、本日は、張良の霊言を収録します。中国の歴史で言えば、三国志の時代を四百年ぐらい遡《さかのぼ》ったころで、今から二千二百年ぐらい前の人物になります。

そのころの中国では、始皇帝《しこうてい》がつくった〝大秦帝国《だいしんていこく》〟が、短期間で、あっという間に滅《ほろ》び、末期には、新たな革命の時代に入りました。

そのときに、各地でさまざまな者が兵を挙げたのですが、最終的に残ったのが、

漢《かん》の高祖となった劉邦《りゅうほう》と、最後に惜《お》しくも敗れた項羽《こうう》の二人です。この「竜虎《りゅうこ》の対決」において劉邦が勝って漢帝国ができ、前漢《ぜんかん》・後漢《ごかん》合わせて四百年ほど続くこととなりました。そのあとに、三国志の時代に入るわけです。

さて、漢立国の際の「劉邦の三傑《さんけつ》」のうち、宰相《さいしょう》の蕭何《しょうか》については、大将軍・韓信《かんしん》からの霊示《れいじ》によると、「周恩来《しゅうおんらい》が蕭何の生まれ変わり」とのことですし（『百戦百勝の法則』〔幸福実現党刊〕参照）、周恩来の霊言もすでに収録しています（『周恩来の予言』〔幸福の科学出版刊〕参照）。また、その韓信については、今、述べたように、韓信自身が霊言を送ってきております。ただ、軍師であった張良については、まだ、霊言がありません。

そこで、本日、「張良の霊言」を収録したいと思います。

二千二百年も前のことになるため、どれほど定《さだ》かなことが分かるかどうか、何とも言いかねますが、張良の魂《たましい》を呼び出し、分かる範囲《はんい》内で考え方を訊《き》いてみます。

もちろん、それ以後の転生《てんしょう》もあるでしょうから、現代的なことまで知っているとは思います。

アルジェリア政府に「作戦中止」を要請《ようせい》した安倍《あべ》首相

大川隆法 この霊言を収録しようと思った理由の一つは、「アルジェリア人質《ひちじち》事件」です。

先般《せんぱん》、北アフリカのアルジェリアで、日本企業《きぎょう》の日揮《にっき》も参加して建設した化学プラントに、イスラム系武装集団が襲撃《しゅうげき》をかけました。彼らは、日本人や外国人を合わせ、かなりの人質を取って立て籠《こ》もったため、アルジェリア軍は、ヘリコプターからの攻撃《こうげき》を行い、その後、特殊《とくしゅ》部隊が現場に突入《とつにゅう》して、数日で壊滅《かいめつ》状態に追い込《こ》み、戦いとしては終わったようではあります（収録当時）。

ただ、武装集団は、車で逃《に》げるとき、人質を各車両に一人ずつぐらい連れていたようなので、ヘリコプターから攻撃をかけた際、人質も死亡したと思われます。現時点で、最終的な被害《ひがい》報告は確定していないのでよく分かりませんが、「日本人の人質もいるのではないか」と言われていて、そのあたりのことが日本では騒《さわ》がれています（注。その後、日本人の人質十名の死亡が確認された）。

その事件があったとき、就任間もない安倍《あべ》首相は、国会が始まる前ということもあって、ちょうど東南アジアを歴訪中でした。中国の海洋戦略に対抗《たいこう》する狙《ねら》いも念頭にあったと思われますけれども、「親日国を増やし、法に基《もと》づく領土の確定を主張して、軍事紛争《ふんそう》で取ったり取られたりしないようにしましょう」というようなことを中心に、ベトナム、タイ、インドネシアを訪問していたのです。

安倍首相は、タイでインラック首相と会談したあとぐらいに得た情報によって、アルジェリア軍が武装集団への攻撃を開始したことを知り、アルジェリア政府に対して、「人質の人命が最優先であるから、作戦を中止してほしい」という要請《ようせい》を出したようです。そういう報道がありました。

安倍《あべ》首相の判断から見えたポピュリスト的側面

大川隆法　政治家として見た場合、彼は、自分の発言が、「新聞の見出しや記事に、どのように書かれるか」、あるいは、「テレビでどのように報道されるか」ということが十分に分かる方であるのでしょう。それは、ある意味で、彼自身がポピュリスト的な側面を、しっかりと持っているということです。

つまり、首相が「人命最優先」と言っていれば、仮に、日本人の人質の死亡を止めることができなかったとしても、「政治家として、それを要請した」という証拠《しょうこ》が残ります。そうなれば、おそらく政治的責任を問われることはないため、内閣支持率が下がったり、マスコミによる攻撃を受けたりすることはないでしょう。そういう〝計算〟を、彼は瞬時《しゅんじ》にしたものと思われます。

その結果、新聞等には、「首相が、アルジェリア政府に、『攻撃を中止してほしい』『人質の人命を優先してほしい』と要請した」という記事が載《の》りましたし、それに対しては、日本の新聞等の論調を見るかぎり、「当然であろう」といった反応が出ています。

武装テロに対して妥協《だきょう》しなかったアルジェリア政府

大川隆法　一方、アルジェリア政府のほうは、欧米《おうべい》等でのテロ対策同様、「武装テロに対しては妥協《だきょう》しない。徹底的《てってい》に殲滅《せんめつ》する」という方針を貫《つらぬ》いていました。かなり経験もあったせいか、そのような対応ができたようです。

しかし、安倍首相の主張が通ったとしたら、結局は、「お金と引き換《か》え」になったり、「アメリカやその他の国で捕《つか》まっているアルカイダ系の人たちを解放する」ということになったりしたでしょう。

今回の事件の背景にも、隣《となり》の国であるマリで、フランス軍がマリ政府軍と共同してゲリラ軍と戦っているのをやめさせるために、アルジェリアでテロを起こして人質を取り、ゲリラ軍への攻撃をやめさせようとしたところがあったわけです。

したがって、国際的に見るかぎり、「人命尊重第一」ということを認めてしまったら、マリ政府もフランス軍も共に窮地《きゅうち》に陥《おちい》ることになったのではないでしょうか。

今回の事件は、イスラム武装勢力が、アルカイダ系を通じてつながっていることを利用した、国を横断しての武装テロの一環《いっかん》であり、かなり計画的なものであったと思われます。

安倍《あべ》首相は「兵法の勉強」などしていないのでは?

大川隆法　いずれにしても、安倍《あべ》首相は、政治家的資質としてポピュリスト的な面を、しっかりと持っているようです。「自らの発言が、テレビや新聞で、どのように報道されるか」を計算でき、被害者の家族の声などが各メディアで流されるのを知っていて、「人命優先」と発言し、そういう実績を残すことで、自民党の支持率を下げないようにしたことについては、日本の政治家らしい判断ではあったでしょう。

ただ、その一方で、「民主党の政治家と、そう大きく変わらないのではないか」という危惧《きぐ》の念も感じました。

彼は、タイでインラック首相と会談したあとに得た情報により、アルジェリア政府に対して、「人質の人命が第一だから、攻撃を中止してくれ」と要請したわけです。そういう話を聞けば、「彼には兵法の知識はないらしい」ということが、すぐに分かります。安倍首相は、「軍国主義者だ」とか、「右翼《うよく》だ」とか、「極右だ」とか、あるいは、「ウルトラ右翼だ」とか言われたり、海外でもそう報道されたりしているけれども、兵法の勉強とか、戦争の歴史や軍事関係についての勉強とかは、ほとんどなされていないでしょう。それが、私の率直《そっちょく》な印象でした。

やはり、戦闘《せんとう》中の軍隊においては、「たとえ君命であっても、これを受けず」というのが原則です。

例えば、国王や宰相が、遠く離《はな》れたところに軍隊を送った場合には、戦闘の状《じょう》況《きょう》が分からないので、現場の指揮官に任さなければいけないわけです。現地の状況も分からないのに、電話一本で、「作戦を中止してほしい」などと言ったりしてはいけません。

こうしたことは、大きな被害をもたらす可能性を有しています。今回の事件で言えば、人質救出部隊に甚大《じんだい》な被害が出る可能性がありましたし、プラント全体を爆破《ばくは》されるような可能性もあったわけです。そういうことも分からずに、作戦中止を要請するのは、実に危険なことなのです。もちろん、安倍首相にとっては、よその国のことですから、ポーズにすぎなかったのかもしれません。

日本のマスコミは、「アルジェリア政府が、要請等を考慮《こうりょ》せずに、速攻《そっこう》で片付けた」と非難していますが、私は、早く片付けたことは正解だろうと思います。

テロへの対応に課題を残した日本とアメリカ

大川隆法　また、こういう事件が起きた場合、当然、被害は出ると思いますけれども、私は、海外に住んでいたときに、日本の新聞やテレビが、「日本人の被害はゼロでした」等と、日本人の被害があったかどうかばかりを報道することを、とても恥《は》ずかしく感じていました。要は、外国人を〝人間〟と思っていないため、外国人が死んでも何ともないのです。日本人だけが〝人間〟なので、日本人の人命についてだけは、その安否《あんぴ》について非常に詳《くわ》しく報道するわけです。

外国で暮らしていると、そうしたことをたいへん強く感じるのですが、恥ずかしい思いがありました。

日本には、そもそも、「行為《こうい》自体が正しいか正しくないのか。どういう結論がよいのか」ということについての判断がないのです。これは、「日本教」の特徴《とくちょう》でもあり、「日本的文化」でもありましょう。

安倍首相は、日本の政治家がよくやるように、「人命優先」と言っていましたが、その結果は、どうなるか分かりません。初動が遅《おく》れれば、事態が非常に長引き、被害が大きくなることもありえたわけです。

さらに、今回の事件に関しては、「アメリカも、何の手も打てなかった」という結果が出ています。やはり、ヒラリー氏（前国務長官）が引退し、オバマ大統領だけになった今、アメリカの民主党政権は、軍事的な判断ができない状態なのではないでしょうか。こちらも、日本の民主党にかなり近い感触《かんしょく》を受けました。何の判断もできないうちに終わってしまったところを見て、「やはり、左寄りの政権は、こういう事態に際して非常に危ないものなのだ」ということを、私は感じました。

亡《な》くなられた方には気の毒ではありますが、これだけの武装集団によって人質を取られた場合には、ある程度の人命が失われたとしても、しかたがないことではあるのです。やはり、「今後、そういうことをさせないようにする」ということが、大事な防波堤《ぼうはてい》の一つだと思います。

そうしないと、日本企業が参加している海外のプラントは、全て襲撃されるでしょう。「日本のものであれば、どこを襲《おそ》っても安全だ。身代金《みのしろきん》はくれるし、受刑者《じゅけいしゃ》等は逃《に》がしてくれる。ゲリラ自身の命も保証される」ということになれば、日本企業の海外展開は、非常に厳しいことになるはずです。おそらく、アラビア湾《わん》における石油タンカー等への海賊《かいぞく》行為についても、甘《あま》く見てくる可能性があるでしょう。

尖閣《せんかく》が急襲《きゅうしゅう》されたときに適切な手が打てるのか

大川隆法　さらに心配に思ったことがあります。今回、安倍首相は、中国の海洋戦略に対して包囲網《ほういもう》を築くために、東南アジアを歴訪していたはずです。

しかし、中国なり、北朝鮮《きたちょうせん》なりが、尖閣《せんかく》諸島や沖縄《おきなわ》で軍事行動を起こして日本人が人質に取られたり、あるいは、日本の漁船が拿捕《だほ》されて、乗組員が人質に取られたりした場合、安倍首相は、自衛隊の最高指揮官として、陸・海・空の、三軍の長《ちょう》として、はたして命令が出せるのでしょうか。ここに、私は、一定の疑問を持ちました。

また、この点については、「アメリカも同様に動けないのではないか」という感触を得ました。

おそらく、国連等で、その非合法性を国際社会に訴《うった》えて終わりにしてしまい、人質になった人は帰ってこない状態になるのではないかと感じたのです。

例えば、少しだけ強気に出て、尖閣諸島に何十人かの部隊を駐屯《ちゅうとん》させていたとしても、そこを急襲《きゅうしゅう》されて、彼らを人質に取られたら、今回のアルジェリアの事件とまったく同じ状況です。そうなった場合、「人命第一」であるのだから、「島でも何でもあげてしまう」などということになるのでしょう。

そういうところに、まだ、日本が、世界のリーダーたりえていないところを感じました。

ただ、イスラム教のなかでも、過激派の〝処理〟については、別途《べっと》、何らかの考え方を出していかなくてはいけないとは思っています（注。二〇一三年一月二十二日に、オサマ・ビン・ラディンの霊言を収録し、二月四日には、サダム・フセインの死後を霊査《れいさ》した。『イスラム過激派に正義はあるのか』『イラク戦争は正しかったか』〔共に幸福の科学出版刊〕参照）。

本来、政治とは「軍事」と切り離《はな》せないもの

大川隆法　いずれにしても、安倍政権になったところで、中国や北朝鮮等の脅威《きょうい》から完全に免《まぬか》れることはないでしょう。「せめて東南アジアと協力しようとしているところを見せている」というぐらいのものです。

アメリカ訪問についても、向こうの都合《つごう》で翌月に延びたようです。おそらく、オバマ大統領は、安倍首相のことを「ウルトラナショナリズムだ」と思っているので、あまり好いていないのではないでしょうか。ただ、現実には、両方とも似

たようなものなのかもしれません。

なお、日本のマスコミ全体について言えば、私が昨年の十二月に述べた「地球的正義」に対しての意識など、ほぼ、持っていないと考えてよいでしょう（注。二〇一二年十二月五日に東京国際フォーラムで開催《かいさい》したエル・カンターレ祭《さい》において、「地球的正義とは何か」と題して説法《せっぽう》した）。

ともあれ、政治とは、本来、軍事と切り離《はな》せないものであり、政治家になるためには、軍事知識や歴史の知識が必要です。

特に、総理大臣は、陸・海・空の、三軍の統率者になりますので、そうした知識を持っていないと、思わぬ恥《はじ》をかいてしまうことにもなりかねません。変なところで横槍《よこやり》を入れられて、政治そのものが駄目《だめ》になってしまうこともあると思います。

「太公望呂尚《たいこうぼうりょしょう》の兵法」に学んだ、若き日の張良

大川隆法　さて、軍師である張良は、兵法（軍略）について、太公望呂尚《たいこうぼうりょしょう》の流れを汲《く》んでいると思われます。

兵法書で有名なものとしては、もちろん、『孫子《そんし》』があるわけですが、そこまでは行かないにしても、それに並び称《しょう》されるものに、『六韜《りくとう》』『三略《さんりゃく》』があります。これを伝えたとされるのが太公望呂尚です。

太公望といえば、今では、釣り人《びと》を指すことが多いのですけれども、これは、次のような故事がもとになっています。

周《しゅう》の文王《ぶんおう》が易者に占《うらな》わせると、「狩《か》りに出たら、獲物《えもの》ではなく、大きな人材を得られる。『王師《おうし》』とでも言うべき、王様を教えるような人材を得られるだろう」という結果を得ました。文王は、三日間、斎戒沐浴《さいかいもくよく》して、狩りに出かけたところ、

なかなか風格のある人が、川べりで釣り糸を垂《た》れています。そこで、試みに幾《いく》つか質問をしてみると、見事な答えが返ってきました。

その釣り人は、「『魚を釣ること』と『国を治めること』とは変わらない」という話をするわけです。

例えば、「釣りと同じで、〝餌《えさ》〟を与《あた》えないと、人は採用できない。〝餌〟を惜《お》しんで小さくすると、小さな人物しかかかってこないし、〝餌〟を大きくすると大きな人物がかかってくる」とか、「釣り方や取り込み方などの方法は、政治の要諦《ようてい》と変わらない」とかいうようなことを、上手に答えました。

そこで、文王は、「人材とは、この人だ！」ということで連れて帰ったのですが、それが太公望呂尚だったというわけです。

彼は、文王の軍師となり、宰相ともなるのですが、その跡《あと》継《つ》ぎの武《ぶ》王の宰相にもなり、その後継者（成《せい》王）にも仕えるといったように、三代にわたって仕えることになりました。

これが太公望呂尚で、その兵法は『六韜』『三略』と言われています。

ただ、それを伝えたのが本人かどうかについては疑問があるようです。後代の記述と思われるものが一部入っているため、「さまざまに手が加えられて、呂尚に帰されているのではないか」という疑いが持たれているのです。

しかし、紀元前二百年ごろ、張良子房《しぼう》が、若いころに、この兵法を学んでいたことは明らかです。

伝記によれば、仙人《せんにん》のような人が現れて、張良を試《ため》し、「人物である」と認めたため、太公望の兵法の要点が記《しる》されたとされる『三略』の法を授《さず》けてくれたようです。

通常、兵法書と言えば、「軍事で勝つ」という内容だけのこともあるのですが、『六韜』『三略』には、それ以外にも、政《まつりごと》全体としての「政治の要諦」や「人材の登用の仕方」、「どのように国を治めたらよいか」等、そういうことが全部入っているので、いわゆる「政治学」でもあったのでしょう。

これを、張良は、若いころに学んでいたようです。

始皇帝《しこうてい》の暗殺に失敗して逃《に》げ延びる

大川隆法　もともと、張良は、韓《かん》という国に属していたのですが、この国は秦の始皇帝《しこうてい》に滅ぼされてしまい、その後、始皇帝が全国統一をしています。韓王の家臣の血筋だった張良は、これが悔《くや》しくて、「何とか、一矢《いっし》を報《むく》いたい」と、復讐《ふくしゅう》を誓《ちか》っていました。

そこで、彼は、協力してくれる人を探し、今の相撲取《すもうと》りに当たるような、怪力《かいりき》の持ち主である力士と契《ちぎ》りを結んで、始皇帝を襲うことを決めます。

始皇帝は、日本の天皇のように、車を連ねて全国巡行《じゅんこう》をしていたので、このときに襲おうとして、「小高い丘《おか》の上に身を伏《ふ》せて隠《かく》れ、『始皇帝の乗っている車は、見た目がいちばん立派なものだろう』と当たりを付けて、それに鉄槌《てっつい》を投げつける」という作戦を立てたのです。二十七キログラムぐらいの鉄槌を、今で言うハンマー投げの要領で、その力士がブルンブルンと振《ふ》り回し、丘を駆《か》け降りながら投げつけるというわけです。

すごい話ではありますが、「二十七キロの鉄槌が命中すれば、車ごと破壊され、始皇帝も死ぬだろう」と考えて、それを実行したらしいのです。

今、室伏《むろふし》選手というハンマー投げの選手がいますけれども、投げているハンマーの重さは、さすがに二十七キログラムもないでしょう。

しかし、その力士は、実際に、二十七キログラムもの鉄槌を投げつけました。ところが、始皇帝が乗っていたのとは別の車に当たってしまい、暗殺は失敗に終わったわけです。

結局、張良とその力士は、それぞれ別の方向に向かって、逃《に》げに逃げたようです。張良は、下邳《かひ》という四百キロメートルほど離れたところまで逃げ延び、名前を変えて潜《ひそ》んでいたとのことです。

その後、天下が乱れてきて、張良は、しだいに劉邦軍のほうに近寄っていくことになりました。

最初は、韓の家臣という身分で客将《きゃくしょう》として劉邦の下《もと》にいたのですけれども、だんだんと劉邦軍に所属していき、やがて参謀《さんぼう》というかたちになっていきます。

さらに、この張良の推薦《すいせん》もあり、また、蕭何が非常にこだわって、韓信という大将軍が出てくることになるわけです。

張良の戦い方に見る深謀遠慮《しんぼうえんりょ》

大川隆法　ところで、軍師の張良がついているわりには、劉邦軍はよく負けるのですけれども、戦いの仕方を見ているかぎり、一つ想像されるのは、「ただの負けではなかったかもしれない」ということです。

それは、ちょうど、ロシアの戦い方によく似ているのです。ロシアの陸軍は、戦いに勝つために、必ず、「敵を内陸に引きずり込んでいって滅ぼす」という作戦を取ります。つまり、敵は、内陸部まで攻め込ませ《せ》られ、〝冬将軍〟にやられて、帰れなくなっていくわけです。ナポレオンもヒトラーも同じやり方でやられています。

また、ドイツがナポレオンと戦ったときのやり方にも似ているかもしれません。ナポレオンにはどうしても勝てないことが分かったドイツは、「ナポレオンとは戦わない」という作戦を発明しました。それまでの戦争では、「敵の大将の首を取ったら勝ち」ということになっていたのですが、「負けたら逃げる」という作戦を立てられると、逃げる相手を追いかけたところで、結局、潰《つぶ》せないわけです。そのように、ドイツは、勝負の勝ち負けにこだわらず、「ナポレオンが出てきたら、戦わずに、とにかく逃げる。ナポレオンがいなければ戦う」という作戦を取りました。

そして、だんだんナポレオン軍の兵力を削《そ》いで弱らせていき、最後に、「ワーテルローの戦い」で、ナポレオンを破るわけです。

その戦い方と似ているので、張良がついているにもかかわらず、劉邦軍が負けているのは意外ではあったのですが、項羽軍の勢力を削ぐために、ずいぶんと追撃をさせていたのかもしれません。

項羽は、「とにかく戦って勝つ」という人なので、張良としては、「卑怯《ひきょう》なまねをしながら逃げてでも、向こうの兵を削ぎ、ふるさとから遠く離していって、望郷の念を強くさせ、兵站《へいたん》が追いつかないようにして、弱らせていく」という作戦をとっていた可能性はあります。要は、負けても負けても、戦《いくさ》が終わらないのです。

一方、韓信のほうは、戦って勝つタイプであり、籠城《ろうじょう》戦などには向かないので、別のところを攻めさせ、勢力を大きくさせたのでしょう。そして、最後の戦いにおいて勝ったわけです。

そういう意味で、張良は、非常に考えの深い人物だったのではないでしょうか。

「無欲」「無私」であった名参謀《さんぼう》・張良

大川隆法　劉邦は器《うつわ》が大きかったのでしょうけれども、やはり、「三傑」を使いこなしたことが大きな勝因だったと思います。

同じく、当会においても、より一層の発展をするためには、どうしても名参謀《さんぼう》が必要な時期に来ているように思われます。

もちろん、張良クラスになると、それほど簡単に手に入るものではありません。

大帝国をつくれたり、幕府をつくれたりするような参謀に当たるでしょうから、そう簡単ではないと思います。もし、「蕭何が周恩来である」という霊査が正しいのであれば、それと同格になるわけですから、そうとうのクラスだということになります。

幸福の科学のなかに、こうした人材が、あまりゴロゴロといてはいけないのかもしれませんが、もし、いるようであるならば、将来、それなりの実績が出てこなくてはいけないとは思います。

以上、前置きが長くなりましたが、最後に一点だけ付け加えます。

劉邦は、漢を統一したあと、武将たちについて、「そのまま置いておくのは危ない」と考えたようで、リストラというか、どんどん〝消して〟いったのですが、この張良は、消されずに天寿《てんじゅ》を全うしているのです。まことに不思議なことで、よほど頭がよかったのかもしれませんが、どうやら、「無欲」で「無私」なところがあったようではあります。

例えば、作戦を立てて戦をしても、それを自分の手柄《てがら》にして出世しようという気持ちが全然なかった人のようです。

そういうところが、あの時代にあって天寿を全うできた秘密なのではないでしょうか。

「漢《かん》の三傑《さんけつ》」の一人、張良を招霊《しょうれい》する

大川隆法　それでは、以上を前座の講義ということで、話の枕《まくら》とさせていただきます。

張良を直接呼ぶのは初めてではありますけれども、これから呼んでみたいと思います。

紀元前二一八年ごろに始皇帝の巡行を狙い、紀元前一八六年ぐらいに亡くなっ

ていますので、わりとシーザーに近いころなのかもしれません。

それでは始めます。

（瞑目《めいもく》し、合掌《がっしょう》する）

中国の前漢《ぜんかん》を立てた高祖・劉邦を支えた「漢の三傑《さんけつ》」の一人、名軍師・張良をお呼び申し上げたいと思います。

漢を立てました「三傑」の一人、名参謀・張良の霊よ。

願わくば、幸福の科学　教祖殿《きょうそでん》　大悟館《たいごかん》に降りられ、われらに、その考えを明らかにしたまえ。

あなたの盟友であった蕭何や韓信も、すでに霊言を送ってくれております。

願わくば、われわれに、何らかの教えを下さりますように。

張良の霊、流れ入《い》る。

張良の霊、流れ入る。

張良の霊、流れ入る、流れ入る、流れ入る、流れ入る、流れ入る、流れ入る。

張良の霊、流れ入る、流れ入る、流れ入る。

（約十五秒間の沈黙《ちんもく》）

2　参謀《さんぼう》に求められる「資質」とは

参謀《さんぼう》は、今の言葉で言えば「スタッフ」に当たる

張良　張良です。

武田　張良様、本日は、幸福の科学　大悟館《たいごかん》にお越《こ》しくださいまして、まことにありがとうございます。

張良　うん、うん。

武田　張良様は、日本におきましても、漢《かん》の建国の際の「三傑《さんけつ》」のお一人として、非常に有名でございます。

張良　うーん。ふん、ふん。

武田　「張良なくして、劉邦《りゅうほう》が漢の国を建てることはできなかった」と言われています。

張良　うん、うん。

武田　本日は、そのような張良先生にお越しいただきまして、「真の参謀《さんぼう》の条件」と題して、さまざまなお話を伺《うかが》いたいと思っております。よろしくお願いいたします。

張良　まあ、今の日本では、必要な考え方かもしれないね。参謀は、政治においても、企業《きぎょう》においても、大事な存在かもしれないけれども、戦国時代ではないので、その価値がやや失われてはいるかもしれない。

参謀というのは、基本的には、計画を立案したり、企画を上げたりする者だけどね。「いろんなことを上げて、大将、あるいは将軍が、そのイエス・ノーの両方の意見を合わせて聞きながら断を下《くだ》し、いったん軍議で決まったことは、そのとおり実行していく」ということだな。

そういうことで、参謀というのは、今の言葉で言うと、「スタッフ部門」に当たる考えだな。「直接のライン」「スタッフ」という分類では、「スタッフ」に当たる部門かとは思うけどもね。

確かに、現代的にも、戦いというのは、いろんなかたちで起きるだろうから、一代にして世界企業をつくろうとするような人には、これは必要な才能だろう。ある程度、優秀《ゆうしゅう》な将軍、あるいは、今なら社長や政治家かもしらんけれども、そういう人は、要するに、「戦う人」でありながら、多少、「知謀の人」というか、智慧《ちえ》を持った参謀的な機能も、一部、持っているのが普通《ふつう》だわな。ただ、「参謀として独立しているほうが、中立的に意見が言える」という点が、いいところではある。

で、どんなことが訊《き》きたい？

智慧《ちえ》を提示し、トップに「正しい判断」をさせる役割

武田　まず、当時のことを少し伺いたいと思います。

劉邦は、農民出身で、最初は非常に弱小な軍団だったわけですが、あなたが参

謀として支えたことで、最終的に天下を取ることができました。

これは、現代で言えば、「一代で世界企業になる」ということに当たるのかもしれませんが、こうした事業における「参謀の要諦《ようてい》」というか、「何が大事であるのか」ということについて、お考えを伺いたいと思います。


張良　まあ、事業と言ってもねえ、基本的に、「判断の積み重ね」なんですよ。

毎年毎年、あるいは毎月、あるいは毎週、毎日、判断することがあるわけですね。その判断の積み重ねにおいて、正しい判断をしておれば、成功が続いていって、大きくなっていくんです。

それから、正しい判断と間違《まちが》っている判断とが半々ぐらいになってくると、拮《きっ》抗《こう》してきて、規模がそれ以上に行かなくなるんですね。

そして、間違った判断が多ければ、規模が縮小していって、倒産《とうさん》とか、失敗とかいうようなことになるわけですね。

だから、やはり、基本的には、トップが判断を下すに当たって、それについて意見を言う人、献策《けんさく》する人が大事です。

だけども、世界企業でも何でもいいですが、そういうものを一人でつくったりするような人には、独裁者タイプが基本的には多うございますから、だいたい人の意見は聞かないし、自分の能力を過信していて、自分の判断で全部ガーッとやっていこうとしていきます。

もちろん、ある程度までは、それでも行きますけれども、〝軍〟が大きくなるというか、〝部隊〟が大きくなってくると、やはり、目が行き届かなくなるので、そうした参謀役、アドバイザー、コンサルタントのような人がいなければ、間違いを犯《おか》し、間違った判断をすることはあります。あらゆるものについて、専門家になることはできないのでね。

だから、参謀も一人だけとは限らないわけで、当然、何人かいてもいいわけです。まあ、三人や四人ぐらいいたほうが、いいことはいいんですけどね。

そういう意味で、大事な判断のときに、的確な事例を挙げて、前例とか、過去のいろんな事例とか、考え方とかを提示し、「そういうときには、こういう考え方がある。こういう言葉がある」というように戦い方を教えたり、あるいは、「兵法としては、こういう戦い方がある」というようなことを教えたりする。

要するに、智慧《ちえ》を提示することで、大将が判断を間違わないようにするわけです。

「兵法」を知らない相手となら「十戦十勝」も可能

張良　すでに過去に起きた事件や同じような事案で前例があるような場合でしたら、兵法としては、ある程度、固まっているものはありますからね。そういうもので使えるものがあれば使うし、それを知っている人と知っていない人の差は大きいわねえ。

これは、将棋《しょうぎ》や碁《ご》でもそうだろうけれども、定跡《じょうせき》（定石）というか、戦い方のルールがあるので、例えば、そのルールを百ぐらい覚えている人と、まったく知らない人とでは、戦っても、勝ち負けが、もうはっきりしているところがありますよ。

つまり、（参謀は）そういう「人間ルールブック」みたいな人だわね。

あとは、「天性のひらめき」が、多少、要《い》るわね。

それから（トップとの）コンビネーション、相性《あいしょう》もあるけども、全体が、組織としての成功をつくれるかどうかにかかってくるわね。

だから、「自分は、頭はいいんだけども、将として最終判断を下したり、あるいは、現実に戦ったりするのに向いていない」と思うような人だったら、せいぜいナンバーツーの補佐《ほさ》役、参謀のような立場でとどまることが、長生きの秘訣《ひけつ》になることもありますわねえ。

やはり、将というか、トップは決断しなきゃいけないし、決断するときには、どうしても捨てなきゃいけないものがある。その意味で、「勇気」や「実行力」が必要だよね。

もちろん、軍事においては、大勢の人を死なすこともあるけど、それも避《さ》けずに、やはり、最終的な勝利を勇猛果敢《ゆうもうかかん》に目指さなければいけないこともあるわね。そういうことで、参謀は、基本的に頭がよくないといけないんだけども、ただ、勉強によって、ある程度、得られるものもある。

こちらが兵法を勉強していて、向こうが知らない場合だったら、十戦十勝するのは、ほぼ間違いないよね。

敵味方の性格や能力を見抜《みぬ》く「人物眼」の大切さ

武田　今のお話は、「正しい判断をするための知力、知識が大事である」ということだと思うのですが、「正しさ」を見抜《みぬ》き、「こちらである」という判断をするためには、どうすればよいのでしょうか。「ひらめき」というお話もありましたが、あとは何が必要なのでしょうか。

張良　うーん、あとは、やはり「人物眼」というのが非常に大事かな。要するに、「戦う相手である、向こうの大将や諸将、あるいは軍師、その他が、どんな人物であるか」というのを見抜くことです。

過去の戦い方を見て、性格から頭脳の内容までを見抜かねばならないし、味方の側についても、「どういう人材がいるか」を知らなければならない。「どの駒《こま》を使って戦うか」、あるいは、「どの人を抜擢《ばってき》していくか」ということによって、結果は違うわけですね。

このへんを間違えば、優秀な人がいても勝てない。要するに、凡庸《ぼんよう》な人の下《した》に優秀な人がたくさんいても、結局、勝てないことはありえます。

「凡庸な上の人が、とにかく、優秀な下の人の言うことをただただ聞いて勝つ」ということはできるかもしらんけども、上司のつもりでいれば、優秀な人を潰《つぶ》してしまったり、逆の判断をしたりして、（組織を）潰してしまうことがありますね。

会社が潰れる場合、客観的情勢が自社に不利になって潰れる場合も、基本的にはあるんだけれども、それも見越した上で、事前に判断し、手を打つことができれば、（倒産から）逃《のが》れることもできるし、後手《ごて》になれば潰してしまうこともあるでしょうね。

このように、「正しさ」のなかには、やはり、「人物の性格や能力を見抜き、それらを複合的に組み合わせたときに、どんな結果になるか」ということがある。

〝盤面《ばんめん》〟全体を見て「手」を読んでいくのが軍師の仕事

張良　確かに、これは碁や将棋と一緒《いっしょ》で、全体的な〝盤面《ばんめん》〟が見えていなきゃいけないし、「最終的に、どこで勝敗をつけるか」という「手」を読んでいく必要がある。「向こうは、たぶん、こういう攻《せ》め方をしてくるはずで、ここへ逃《に》げたら、こうなるはずだ」とか、「ここに兵を伏《ふ》せるはずだ」とか、こういう読み合いが、どうしても出ますよね。

これが、やはり、軍師の仕事ですわね。

だから、危険なことがあれば、それをあらかじめ言わねばならんし、人材の登用に誤りがあったら、それも言わなきゃいけない。

どの会社だって、人材の登用を上手にやり、そして、個別の決裁、要するに、ビジネス、その他、いろんなものの決裁を正しくやっていけば、成功して大きくなるんですよ。

それで、ライバルがだんだん絞《しぼ》られてきて、数が少なくなると、ライバルとの競合戦略が必要になってきて、最後は、「項羽《こうう》と劉邦の一騎《いっき》討《う》ち」みたいになります。〝ジャイアント〟同士になると、最後は、そういうことになりますね。

（起業から）そこまで行くまでには、〝距離《きょり》〟がだいぶありますけどね。

まあ、そのへんは醍醐味《だいごみ》なので、何とも言えませんけれども、（参謀には）ある程度の頭のよさが要ります。知識もものを言うし、経験もものを言うし、あるいは、「適当な師から学んでいる」ということも大事かもしれません。また、「過去の戦い方を見て、失敗をよく反芻《はんすう》し、戦い方を変えていく」とか、そういう考え方も大事ですよね。

そういう内省的な部分も、多少、必要かなとは思います。

3　劉邦《りゅうほう》に天下を取らせた「必勝の戦略」

いちばんの危機だったのは「鴻門《こうもん》の会」

武田　先ほど、大川総裁から、張良様が軍師をされていたときの戦い方の紹介《しょうかい》があり、「戦《いくさ》では負けと見えしものがあったが、意外に、その奥《おく》深くには、さらに高度な考えがあったのではないか」というお話があったのですが、張良様の考える「必勝の戦略」というものについて、お教えいただけないでしょうか。

張良　まあ、私の時代で言えば、いちばんの危機は、やはり、「鴻門《こうもん》の会」だろうねえ。あれがいちばん危なかった。あれでやられていたら、もはや漢帝国《かんていこく》はなかっただろうから、「あそこで劉邦《りゅうほう》を死なせなかった」というのが、いちばん明確に分かりやすい事例だよな。大きな軍勢を使っての戦いには、誰《だれ》が強かったかが分からないところがあるけど、あれは人数がすごく限られておりましたからね。

仮に立てた楚《そ》王の命令に、「先に関中《かんちゅう》に入った者を関中王とする」というような言葉があって、劉邦軍と項羽《こうう》軍が二軍に分かれて関中を目指していたんですが、項羽は意外に手間取ってしまい、劉邦のほうが、戦わずして敵を味方に引きずり込《こ》んだりして時間を短縮し、先に関中に入ってしまったんですよね。

項羽は、もう皆殺《みなごろ》しですからね。「ぶつかってきたやつは、全部殺していく」というやり方なので、意外に時間がかかる場合もあるんですよ。

一方、劉邦の場合は殺さないので、劉邦が「今まで、私が人を殺したことがあるか。降参したら、みんな味方にしているじゃないか」と言うと、「それなら、戦わずに、部下にしてもらうほうが楽だ」ということで（味方に）入ってしまうことがあり、途中《とちゅう》、戦わずして行けたことがあって、項羽より先に（関中に）入ってしまったんですね。

ただ、劉邦は、項羽があとから来るのは分かっており、「そのときには、烈火《れっか》のごとく怒《いか》るだろう」と思って、金銀財宝とか、阿房宮《あぼうきゅう》（秦《しん》の始皇帝《しこうてい》が建てた宮《きゅう》殿《でん》）とか、そういうものにはまったく手をつけないで、全部、封印《ふういん》していました。

けれども、そこに、ちょっと手違《てちが》いがあって、項羽軍が入れないように関所の扉《とびら》を厳重に閉めてしまっていたため、それで向こうが怒り、「劉邦を攻《せ》める」ということになったんです。そこで、「とても勝てる見込みがない。これは一芝居《ひとしばい》打たなきゃいかん」ということで、これは漢文なんかでよく出ていると思いますが、いわゆる「鴻門の会」というやつになるわけですね。

張良の働きで、命の危機を逃《のが》れた劉邦《りゅうほう》

張良　劉邦《りゅうほう》と張良の二名に、あとは、用心棒として、樊噲《はんかい》という将軍も、ちょっと連れていきましたが、だいたい私たち二人で、項羽将軍のところに、ただただ命乞《ご》いに行ったわけですね。

実は、その前夜に、項羽の叔父《おじ》である項伯《こうはく》に私が話をつけていたんです。昔、項伯に命の危機があったときに、私がかくまってやったことがあったんでね。その恩を向こうは忘れていなかったので、二十キロも離《はな》れていたのにわざわざ来てくれて、「明朝《みょうちょう》から、項羽軍が総攻撃《こうげき》をかける」ということを話してくれました。それで、「では、項羽に『全部お返しするから』と謝《あやま》りに行く。一肌脱《ひとはだぬ》いでくれ」という根回しはしていたんです。

ただ、項羽軍のほうにも、軍師の范増《はんぞう》がいて、彼が、「ここで劉邦の首を斬《き》ら

なければ、絶対に、あとで最大の敵になって、自分たちを滅《ほろ》ぼすことになる」と考え、「絶対に逃《のが》さない」と決意を固めていたんですね。

そのときに、「宝玉《ほうぎょく》みたいなもので合図《あいず》の音を出したら、（項羽の命令で）一斉《いっせい》に近衛兵《このえへい》が出てきて斬り殺す」という策になっていたんですけど、劉邦が頭《ず》を低くして臣下の礼をとっているものだから、項羽はいい気になってしまい、何度合図してもなかなか命令を下さないので、斬れないでいました。それで、とうとう、「剣《けん》の舞《まい》を見せる」とか言うて、剣舞《けんぶ》まで出し、それで劉邦を斬り殺そうとしたため、私は樊噲を呼び、「向こうが剣舞で斬り殺そうとしているから、おまえが行け」と言って、劉邦を守らせたりしていました。その間に、劉邦は嘘《うそ》や方便が得意な人ですから、「酒を飲みすぎて、もよおしてきた」と言い、トイレに行くふりをして逃《に》げたわけですよ。

「贈《おく》り物を用意しているから、張良が何とか言い逃れをして、向こうをなだめてくれるだろう」ということで、張良一人を残して、自分らは逃げて帰ったんですよね。

それで、「(劉邦を)まんまと逃《に》がしてしまった」というので、向こうの軍師は怒り狂《くる》ったんですけどもね。

それが、大きな分かれ目だったかと思います。

劉邦《りゅうほう》を斬《き》れなかった「匹夫《ひっぷ》の勇《ゆう》」が項羽《こうう》の運命を決した

張良　あのときに(劉邦《りゅうほう》を)殺しておけば、確かによかったけど、項羽《こうう》は、自分から自己卑下《じこひげ》して低く見せる者に対しては、強く出られない性格だったんですね。

そういう人って、いるでしょ?　強い者に対しては、ものすごく強く当たれるのに、相手が低く出てきて弱く見せると、急に寛大《かんだい》な態度を見せるタイプの人って、いますよね。

これを、韓信《かんしん》なんかは「匹夫《ひっぷ》の勇《ゆう》」と言っておりますけども、やはり老獪《ろうかい》な沛《はい》公《こう》、沛公というのは劉邦のことですが、「劉邦の老獪さに敗れた」と言えば敗れたんだと思います。

当時、項羽は二十五、六の青年で、劉邦は四十を超《こ》えておりましたので、老獪であったのだとは思うんですが、その年上の劉邦が臣下の礼をとったため、とうとう斬《き》るに斬れなかったんですね。

「これが項羽の運命を決した」と言えば、決したわけです。このときに斬っておれば、違ったでしょうねえ。

項羽は、性格が激しく、劉邦が手をつけなかった金銀財宝や阿房宮の女性たちなどを、もう荒《あ》らし放題にさせるぐらいの凶暴《きょうぼう》さだったので、ちょっと人徳《じんとく》がなかった面はありますね。

そういう、項羽の凶暴な性格や、下手《したで》に出れば斬れない性格などを読んで、劉邦を逃《のが》したあたりのところが、本当はいちばんのポイントであろうと思う。いろんな戦いは数多くありましたけれども、いちばん危なかったのは、ここでしょうね。

「必勝の方法」とは、自分より強い敵とは戦わないこと

武田　戦いにおける「必勝の方法」とは、どのようなものでしょうか。

張良　ですからねえ、まあ、はっきり言えば、自分より強い敵とは戦わないことですよ。

武田　なるほど。

張良　ええ、ええ。自分より強い敵と戦ったら負けるんです。だから、自分より強い敵と正面でぶつかったりはしないことが大事です。

逃げるが勝ち。あるいは、和睦《わぼく》に持ち込む。被害《ひがい》は最小にとどめて、戦機を窺《うかが》うことが大事。

向こうも、いつまでも強いとは限りませんのでね。衰《おとろ》えが来たり、へまをしたりすることがありますので、チャンスが来ることはある。

そのチャンスに乗じることが大事です。「自分より強い敵に、あまりにも正々堂々と挑《いど》んで、あっさり負けてしまう」というのは、やはり「匹夫の勇」になるのではないかと思うんですね。

例えば、先の大戦であれば、日本はアメリカと戦ったけど、連合艦隊《かんたい》司令長官の山本五十六《やまもといそろく》氏自身、アメリカに留学経験があって、「勝ち目がない」と言っていた。トップが「勝ち目がない」と言っている戦に突《つ》っ込んでいくわけですから、実際上、これは勝てないでしょうね。

「緒戦《しょせん》の勝利で『引き分け』ないしは『判定勝ち』に持ち込むだけの、優秀《ゆうしゅう》な外交官がいなかった」ということもあったでしょうな。

そういうことがあるので、本当は、強い敵と戦うべきでないし、もし戦っても、運よく緒戦とかで勝ったときに、早く戦を終わらせるなりして、被害を小さくする方法を考えるべきです。

「分《ぶん》」を知り、戦線を拡大しすぎない努力を

張良　「戦線をただただ拡大していく」というのは、失敗のもとですね。だから、自分の「分《ぶん》」を知ることは非常に大事です。

でも、自分より強い者に対してでも、自分のほうも力を付けながら、機会を窺い、チャンスを待っていれば、勝てることもあるんですよ。

先の戦いで言えば、日本軍は、中国の内陸部まで軍隊が入りすぎましたね。さらに、南方戦線の島々にも兵を置いたけど、あそこまで戦線を拡大したら、ちょっと守り切れない。

戦力的に見たら、あと一、二年で本土攻撃にまで迫《せま》ってくることは、だいたい見えていたので、最終的に本土を守るための戦いを考えると、あれだけ大胆《だいたん》に大量の軍隊を外に出してしまっていたことには、やはり、ちょっと問題があったんじゃないかと思いますね。

つまり、戦いを開始する前に、もう、東京や大阪《おおさか》が空襲《くうしゅう》を受けることは予想されていた事態なのではないかと思うんですよ。

そのように、「大陸に百万もの軍隊を無傷で残しながら降参する」というような、軍事上、バカげた戦いをしていますでしょう？　もし、沖縄《おきなわ》であれ、東京であれ、百万の兵がいたとすれば、向こうの上陸作戦は、そうとうきついですよねえ。そういう、「使えない兵をたくさん置いている」という用兵の失敗も、やはり、あるように思いますね。

まあ、でも、実際上、強いものとは戦わないのがいいと思うんです。もし、向こうが年上の場合は、「死ぬのを待つ」というのが、やはり、基本的にはいいと思いますね。

武田　分かりました。

4　日本外交の課題は「情報収集力」

国際社会の反応を計算できない「日本教」の問題

石川　張良先生、本日は、ありがとうございます。

張良先生の生涯《しょうがい》を見ますと、国務長官と言いますか、外交戦略をかなり担当されていたように思います。

張良　うん、うん。

石川　例えば、項羽《こうう》を倒《たお》す際にも、韓信《かんしん》や彭越《ほうえつ》、黥布《げいふ》のような、自国以外の戦力を使われていますが、冒頭に大川総裁よりお話がありましたように、今、外交戦略の一つとして、テロ対策が非常に大事になっていると思います。

今回のアルジェリアの人質《ひとじち》事件は、軍によって速《すみ》やかに解決しましたが、もし長引いていたら、「人命尊重が第一」という日本の政策が他の国の足を引っ張り、ある意味で、外交的な孤立《こりつ》につながる恐《おそ》れも出てきたのではないかと思われます。

さらに、今、リビアの政権が崩壊《ほうかい》して、イスラム過激派が武器やタバコの密輸などでお金儲《もう》けをし、テロの脅威《きょうい》が各国に広がっています。

そういうなかで、やはり、日本がいちばん狙《ねら》われやすいと思うのですけれども、アメリカだけに頼《たよ》っていてはいけないと思います。

ただ、今回の対応を見るかぎり、一九七七年のダッカでの日航機ハイジャック事件のときと、あまり大差がないように思うのです（注。福田赳夫《ふくだたけお》元総理は、一九七七年に起きた「ダッカ日航機ハイジャック事件」の際、「人の命は地球より重い」というように発言して犯人側の人質解放の条件を受け入れたため、「テロリストの脅迫《きょうはく》に屈《くっ》した」と国際的な批判を浴びることとなった)。

張良　ああ、そうだねえ。

石川　もし、今回、日本が個別に狙われていたら、本当にお金を出して解決しようとしたりして、国際社会の顰蹙《ひんしゅく》を買った可能性もあると思います。差し迫《せま》った脅威として、こうしたテロに、今後、どのように対応していけばよいのか、教えていただければ幸いです。

張良　うーん。それは大事な論点かもしれないねえ。
まあ、今回の事件について、日本のマスコミは、十分な分析《ぶんせき》ができていないのかもしれないけども、もし、日本人何人かを助けるために、例えば、「アメリカが逮捕《たいほ》しているアルカイダ系の人たちを、全部、放《はな》って、逃《に》がしてやらなきゃいけない」ということになったら、アメリカも、もう黙《だま》っていられないだろう。また、「そのおかげで、フランスのマリへの攻撃《こうげき》を中止させることに向こうが成功した」とかいうことになったら、フランスとの関係もすごく悪くなるし、フランス軍にも、たぶん甚大《じんだい》な被害《ひがい》が出るでしょうね。

（安倍《あべ》首相は）そういうことまで計算ができずに、たぶん、「日本教」で人命尊重をおっしゃったのだろうと思いますけどもねえ。

宗教・政治・軍事が一体のイスラムに「人命第一」は通らない

張良　まあ、イスラムに対する次の対抗策《たいこう》というのは、非常に難しいし、中国のほうでも、「イスラムは難しいな」と考えていると思います。

今回、（安倍首相は）インドネシアまで行かれたようだけども……。

要するに、イスラム教には、「宗教と政治が一体化し、さらに軍事も一体化している」という難しさがあるんでね。

これを、今後、どのようにさばいていかなければならないかが、大きな問題として出てくるでしょう。

だから、インドネシアと友好を結んでもいいけれども、インドネシアのイスラム教徒を仏教徒に変えたりしたら、処刑《しょけい》されることだってないわけではありませんし、まあ、危険なことはたくさんありますわねえ。

また、アルジェリアなんかも、政府は、元はイスラム原理主義系だったと思いますし、今もイスラム系のほうが強いと思うんですけど、それでも、イスラム同士で戦わなければいけないようなことがあると思うんですよね。

そういうときに、「では、いったい何が基準になっているか」を分けるのは、とても難しいですねえ。「それは人命尊重第一ではない」というのは、各国の事情と宗教を調べなきゃ分からない。

ムハンマドの場合であれば、ジハード（聖戦《せいせん》）の考えがあるしね。つまり、メッカからメジナまで追いやられても、軍隊が十倍の敵を打ち破って、メッカを再占領《せんりょう》したことで、彼は、いわゆる救世主、メシアになり、建国の父になったわけです。政治と宗教が一体化していますから、「人を殺すこと自体が悪い」というような考えだけでは通らないだろうと思うんですね。

今回のテロの実行犯たちも、「異教徒を殺すのだ」というようなことを言っていたと思われるんですけども、そうすると、イスラム教圏《けん》からは、支持を受けやすいところがありますのでね。

「百人の情報部隊」を使って政情を探《さぐ》らせていた張良

張良　価値観は混沌《こんとん》としてくるだろうから、難しいと思うんですが、私の軍師としての才覚の一つには、単に、書物で読んで勉強したものだけではなくて、「実際に情報部隊を持っていた」ということが大きかったわけです。

私は、今から二千二百年も前に、いわゆる密偵《みってい》、日本で言えば「お庭番《にわばん》」ですか、そうした忍者《にんじゃ》みたいな調略情報部隊を百人ぐらい持っていました。子飼いの者たちを百人ぐらい持っており、それを放って、敵情を探《さぐ》ったり、「味方のなかに、何か不審《ふしん》な動きがないかどうか」を探ったりしていました。あるいは、各国の情報をいろいろ得たり、「あそこは寝返《ねがえ》らせられるのではないか」というような情報を得たりしていたんです。

これは、千里眼《せんりがん》で全部やれるわけじゃないので、具体的に、いろんなところに人を放って政情を探らせる。あるいは、「項羽との関係が、どうであるのか。もつれているのかどうか」というようなところを、やはり事前に調べておくのは大事なことです。そうしたら、的確な判断ができますね。

今で言うと、情報収集が非常に大事なわけですが、これも、日本は、やや遅《おく》れているというか、意外に、日本には、全体に理想主義的で、一国平和主義的なところがあるので、「『この国のなかの平和』みたいなものを、全世界が同じように望んでいる」というように思っているんですが、世界はそうではないんですよね。

だから、旅客機《りょかっき》なんかをハイジャックされたら、迷わず特殊《とくしゅ》部隊が突入《とつにゅう》して、（犯人を）皆殺《みなごろ》しにしちゃいますね。乗客も死にますけど、「そういうことをさせない」という強い意思を示さないと、何度でも起きますからね。

でも、日本人の場合は、身内から、「政府の対応によって（人質が）死んだじゃないか」みたいに言われるのが、ものすごく怖《こわ》いので、犯人を逃がすようなことが起きてしまうわけね。

日本という国は軍事力で攻《せ》めても情報戦で攻めても〝面白《おもしろ》い〟

張良　まあ、私は、どちらの側に立って言ったらいいのか分からないけれども、中国の側から見たら、この国は、非常に与《くみ》しやすい、相手にしやすい国です。もう、どんな方法でも攻《せ》められる。正攻法《せいこうほう》で、軍事力で攻めても面白《おもしろ》いですが、情報調略戦で攻めても面白いですよねえ。

例えば、橋本龍太郎《はしもとりゅうたろう》氏に、中国のほうからハニートラップをかけて、何十億円ものお金を日本からせしめたりした実績もあって、（中国の）なかでは大笑いしていたんですけども、日本は、そんなのに、まんまと引っ掛《か》かるよね。

一国の首相ともあろうものが、そんなねえ、中国美人のもも割れスカートに引っ掛かって深い関係になり、あとで脅《おど》されて、中国に金を出させられるみたいなことが平気で起きていましたからねえ。

まあ、日本の公安も情報をつかんではいたようですけど、それを止める権限がありませんからね。

その意味では、非常に弱い。そういう情報部隊と、軍事的な実行部隊というのは、やはりワンセットなんですよ。両方持っていなければいけないんです。

中国であれば、逆に、日本のスパイが入って中国の要人《ようじん》を籠絡《ろうらく》しようとしても、例えば、日本のそこらにいる美人で、中国語に堪能《たんのう》な者が入ってきて、習近平《しゅうきんぺい》を酒場で籠絡し、「尖閣《せんかく》は日本のものだ」と言わそうとしたとしても、そんなことは、中国では絶対に通らないですね。

中国では、そういう人は〝謎《なぞ》の事故死〟を遂《と》げることになっているので、習近平の知らないうちに始末《しまつ》されてしまいます。習近平がまったく知らないうちに、「翌日、溝《みぞ》に死骸《しがい》で転がっていた」というのが、中国のやり方です。

だから、習近平には、まったく傷がつかない。日本人のスパイにやられていたことを、彼が気づかないうちに始末をつけてしまう。これが中国のやり方ですね。日本は、こういうことがなかなかできないですよねえ。日本で、中国人の女性が死体で上がって、「それが、実は中国外務省に属していた女性だった」なんてことが明らかになったら、たぶん、大変な問題になるでしょう？　できないですわね。

だから、攻めやすいです。私は、どっちの立場で言ったらいいのか分からないけど、日本を攻めるんだったら、もう、あらゆるやり方があるので、想像をたくましくすれば、いくらでも企画《きかく》可能です。いろんな予想していないことをやると、本当に面白い国だなあと思いますね。

5 「歴史問題」を乗り越《こ》えられるか

中国に食い込《こ》まれ、片手が後ろに回っているオバマ大統領

石川　諸外国との関係ということで、歴史観のところを少しお伺《うかが》いしたいのですけれども。

張良　ああ、そうね。うん、うん。

石川　中国と韓国《かんこく》だけが相手であればよいのですが、この歴史観のところに、アメリカも関係しておりまして……。

張良　うんうんうん。

石川　GHQによる洗脳もあり、「南京大虐殺《ナンキンだいぎゃくさつ》」とか、「従軍慰安婦《じゅうぐんいあんふ》」とか、このあたりの真実を解明していくと、アメリカにも、若干《じゃっかん》、不快感を覚えるところがあるようです。

そういう点では、宮澤喜一《みやざわきいち》元首相などは、国賊《こくぞく》だと思います。

張良　うん、うーん。

石川　官房《かんぼう》長官時代の談話（宮澤談話）によって、近隣《きんりん》諸国条項《じょうこう》を教科書検定基準に入れたりして、歴史問題で非常に内政干渉《かんしょう》を招きやすくなっています。

日中共同声明には、「内政に対する相互不干渉《そうごふかんしょう》」ということが書いてあるはずなのですが、アメリカとの関係もあるので、この歴史観のところをうまく解きほぐさないと、やはり、軍事・外交的にすっきりしないのではないかと思います。張良先生から見て、このあたりについては、いかがでしょうか。

張良　まあ、これは、私はどっちの立場に立って言うべきか、ちょっと分からないけどもね。「日米同盟があるから安全だ」と思っているのかもしらんけど、日本の立場に立ってみれば、「危ない」と私は思いますよ。

中国は、アメリカとの貿易の黒字部分を、米国債《こくさい》でものすごく保有していますので、これを売って（アメリカ経済が）崩《くず》されるという「経済的な脅《おど》し」がありえますし、ロビー活動とか、大統領選の選挙活動資金のスポンサーとか、運動家とか、アメリカでは中国系がそうとう活発にやっております。

特に、今のオバマ大統領みたいな、マイノリティーの好きな大統領ですと、中国系だろうが、韓国系だろうが、スパニッシュ系だろうが関係なく、みんな好きですから、お金も受け取れば、意見も聞きます。

だから、あちらのほうには、そうとう食い込《こ》まれていますよ。そうとう入っている。

「すでに、オバマさんの片手は後ろへ回っている」と見たほうがいいね。両手が回ったら、〝チャキン〟（逮捕《たいほ》）ですが、もう本当は、国を売るようなことをだいぶやっていると思いますねえ。

戦略性のない日本政府では、中国の「攻《せ》め」に対応できない

張良　ただ、中国に対して強硬《きょうこう》な共和党が議会でやや有利なところもあるので、それとの妥協《だきょう》があるから、（大統領の）勝手にはできないところもありますけれ

ども、私は、今の感じで見たら、「日本がほとんど血も流さず、アメリカ軍だけが日本のために戦う」ということを、現実にアメリカが実行するとは思えないですね。

やはり、自衛隊の一部隊がボロボロに負けるぐらいの被害《ひがい》を出したら、アメリカの世論《せろん》としても、「同盟国としての日本を救わなきゃいかん」ということは出るかもしれません。

けれども、今の日本政府に、かつてルーズベルトがやったような、「中国に攻《こう》撃《げき》させて、『こんな被害を受けた』ということを見せ、アメリカを（戦争に）引きずり込む」というほどの戦略性があるとは思えないし、「日本人や日本の自衛官を犠牲《ぎせい》にしてまで、アメリカを引き込む」というような戦略を使って戦うところまで頭が回るとは、とうてい思えませんね。

中国は、今、「どこからどう日本を攻《せ》めたらいいのか」を、みんなで中華《ちゅうか》料理をつきながら楽しく相談しているんじゃないかと思うんですよ。「わしは、ここから行ったほうがいいな」とか、「このあとは、こうやったほうが面白《おもしろ》い」とかね。

まあ、日本が、それに対応できるかどうかでしょうねえ。

例えば、「中国人民解放軍を乗せた飛行機が尖閣《せんかく》に不時着して、そのまま住んでしまったら、日本はどうするか」と考えてみたときに、やはり、日本は、なかなか対応できないかもしれませんね。

それから、あの人質《ひとじち》事件での弱さから見れば、逆に、日本の漁船を捕《つか》まえて、しょっぴいていったら、日本は、ただ、「返してくれ」と交渉するだけでしょう? 金銭《きんせん》交渉になって、自衛隊出動にはならないと思います。

つまり、北朝鮮《きたちょうせん》がやったことをまねすればいいだけですからねえ。「中国固有の領土の領海内で操業していたために、公務として逮捕した」と言って、連れていってしまえば、日本のほうが、「返してくれ」と一生懸命《いっしょうけんめい》お願いする段になりますよね。

「日本の自衛隊が、夜襲《やしゅう》をかけて、それを取り戻《もど》す」なんていうことができるとは、今のところ思えないですね。

台湾《たいわん》を手に入れるために、日本の動きを封《ふう》じたい中国

張良　今、中国側は、そのへんの脅しから始まって、「獲物《えもの》として、最後、何を最大の利益とするか」ということを練っているところだと思うんですよ。

まず、いちばん欲《ほ》しいのは台湾《たいわん》だと思うのでね。台湾を手に入れるためには、やはり、日本を封《ふう》じてしまう必要があるんですよ。

だから、日本を何らかのかたちで威嚇《いかく》して動けないようにし、「日米共同軍事行動で台湾救出」みたいなことができないような既成《きせい》事実をつくる必要があるん

です。それをやっておいてから、台湾を押《お》さえに入るわけですね。台湾を手にすることは最大の利益であり、ここを押さえれば、西のほうのシーレーン（海上交通路）が全部取れるので、まず、これを押さえる。

それから、次に、南下していくほうのシーレーンですね。フィリピンとか、ベトナムとか、東南アジアの国々の一部を、「自分のものだ」と主張して取ってしまい、だんだん押さえていく。そのへんから始めて、海洋戦略として大軍をつくっていくことができれば、まあ、中国が戦わずして勝てるところまで行ける可能性はありますよね。

質問の答えは、こんなのでよかったのかな？　現代の問題だったので……。

武田　そうですね。ただ、歴史観の質問ではあったのですが。

張良　あ、歴史観……。歴史観が何でしたっけ？　南京とか……。

自虐《じぎゃく》的で、ものすごく反論が下手な日本

石川　例えば、安倍《あべ》首相が、「新しい談話を出そう」という話をしたら、ニューヨーク・タイムズが、「それは重大な過《あやま》ちだ」と批判したりしています。

張良　うん、そりゃあ……。

石川　中国だけではなくて、アメリカとの関係もあるかと思うのですが。

張良　それは、もう、反日的なものをやるときに、アメリカへの根回しは十分にやられています。アメリカ人は、日本の歴史を詳《くわ》しくは知らなくて、よく分から

ないので、もう「刷り込み」は入っていますね。

日本のほうは、反論するのが、ものすごく下手です。やられたら、打ち返せばいいんですがね。中国系の人に（反日的なものを）書かせて、それを出版し、アメリカ人に広めてしまえば、（その内容が）固まってしまいますから、すぐ反論しなきゃいけないいんですけどねえ。

もう、かなりのアメリカ人は、南京大事件があったように思っていますので、それを今さら引っ繰《く》り返すのは無理でしょう。

それから、戦争中も、（蔣介石《しょうかいせき》夫人の）宋美齢《そうびれい》等がアメリカ各地で講演して、「日本がいかにひどいか」ということを言って回ったのを、みんな信じちゃいましたからね。

それで、中国を救うことを大義名分にして（アメリカは参戦し）、「日本人は、猿《さる》のごとき野蛮《やばん》な民族だ」と、文化もない国みたいな描き方をしていたのに、戦後、一転して仲良くなっているから、本当は恥《は》ずかしい話ですけどね。十分に日本の文化を知らなかったのは、恥ずかしいことです。

まあ、そういうプロパガンダ的なものについては、アメリカにも、ドイツと変わらないところはあったと思いますよ。でも、それについて撤回《てっかい》したり謝《あやま》ったりはしませんし、日本のほうも、ほとんど糾弾《きゅうだん》しないですからね。

広島・長崎《ながさき》とかで糾弾すればいいのに、自分たちの過ちばかりを一生懸命に発表するでしょう？　そういう自虐《じぎゃく》的なところがある。

「アメリカから原爆《げんばく》を落とされたけれども、二度とこういうことがないようにしたい」と、世界に訴《うった》えても構わないんですけど、違《ちが》うふうに論点をすり替《か》えていくでしょう？　このへんに弱さがありますね。

最初の建前《たてまえ》からジワジワ後退している安倍《あべ》政権

石川　そのへんについては、「うまくPRできなければ、あまり触《ふ》れないほうがよい」ということなのでしょうか。

張良　うーん、まあ、中国の側としては、マイナスのことに対しては必ず反論をしてくるからね。

安倍《あべ》さんも、（総理になって）一カ月ぐらいですが、もう、だんだん弱ってきたような感じで、早くも外堀《そとぼり》が埋《う》まってきたんじゃないでしょうか。なんか、早くも民主党に似てきつつあって、最初の建前《たてまえ》からジワジワ後退しているでしょう？（注。自民党は、先の衆院選で、国防面では「集団的自衛権の行使を可能にする」「憲法九条を改正し、国防軍を保持する」等を公約に掲《かか》げていたが、二〇

一三年七月現在、北朝鮮《きたちょうせん》情勢が緊迫《きんぱく》しているにもかかわらず、強く踏《ふ》み込めずにいる）

韓国との竹島《たけしま》問題も後退だし、尖閣も、とにかく兵を動かさないようにする方向に行きそうだし、靖国《やすくに》問題も棚上《たなあ》げにしそうだし、とりあえず選挙に勝って長期政権になることしか考えない方向に行きそうな感じですねえ。

ちょっと景気をよくして見せるところぐらいまでしか、できないんじゃないでしょうかね。

だから、「南京大虐殺があったかどうか」なんて、こんなのは、安倍政権で引っ繰り返せるわけがありませんよ。そんなのは、「あった」と言えば、あったことになるのでね。まあ、それだけのことですよ。

「広島で十万人が死んだ」と言っても、それは、日本人が言っているだけで、アメリカだって、死んだ人の戸籍《こせき》を全部調べたわけじゃありません。やられたほうが、そう言うだけのことですよね。

あちら（アメリカ）も罪悪感を持っているんですよ。「原子力爆弾を日本に落とした」ということに対して罪悪感を持っているので、（アメリカ政府としては）やはり、それを国民に持たせないようにしないといけないいんです。みんな精神科にかからなきゃいけなくなりますのでね。

イラクに戦争で行った兵士たち、あるいは、ベトナムに戦争で行った兵士たちが、帰国後、精神的に不安定を訴えて、精神科医にかかったりすることが数多く起きています。

「正義の戦いではなかったんじゃないか」と思うと、そういう病気になっていきますので、「これについては、嘘《うそ》であっても言い続けなければいけない」と、アメリカは思っているし、中国も、そう思っていると思う。

トップの「切腹《せっぷく》」で済ます日本、「皆殺《みなごろ》し」を好む中国

張良　中国は、「日本が南京で三十万人を虐殺した」と言っているけど、それは、項羽《こうう》がよくやっていたようなことをイメージしているわけで、「二十万人を生き埋《う》めにする」とか、そんなのを平気でやったのが中国の歴史ですよ。要するに、「食糧《しょくりょう》がなければ、崖《がけ》から突《つ》き落として殺し、土をかけて終わりにする」ということをやっていたのが中国です。

中国では、「何十万人も穴埋めにして殺す」とか、そんなことは当たり前で、歴史上、いくらでも出てくるんですが、日本は、あまりそういうことはしないんですね。

武田　しないですよ。

張良　日本では、そういうことはないんです。大将だの、家老《かろう》だの、そういう人が責任を取って切腹《せっぷく》したら、下の者については命を助けたりするのが普通《ふつう》です。「皆殺《みなごろ》し」というのが好まれないのは、日本の特徴《とくちょう》ですよね。そういうことをする人は、あまりいない。

だけど、中国はそれをやる。つまり、「自分らがやることだから、日本もやっただろう」ということで言っているわけです。そうしたら、中国人も信じるんですよ。自分らは、そういうことをやるからね。

「安倍《あべ》談話」ぐらいでは洗脳国家の歴史観は引っ繰《く》り返せない

張良　また、わざわざ調べて、自分らに不利なことを発表する人もいやしない。今の政府の弾圧下、社説まで弾圧をかけて書き換《か》えさせるようななかで（二〇一三年一月、中国紙『南方週末《なんぽうしゅうまつ》』の社説を、共産党幹部が、共産党を賛美する内容のものに差し替えさせた）、「事実と違っていた」なんて言えるはずもなく、そんな本が出版できるはずもない。もし出したら、その人が牢屋《ろうや》行きになるのは、もう決まっていますよね。

はっきり言って、中国は、そういう「洗脳国家」になっていますから、そんな簡単に、「安倍《あべ》談話」ぐらいで引っ繰《く》り返ったりしないで、よけい、それを攻撃の材料に使うだろうね。

それで、（安倍首相が）撤回したり、腰《こし》が砕《くだ》けたりすると、さらに悪いことになる。また「官製の反日運動」をやればいいんでしょう？　ユニクロが「いっぱい出店する」と言っているから、あそこを襲《おそ》えばいいんでしょう？

武田　そうですね。

張良　それは日本の中国友好の象徴ですので、それを何十店か襲ってやったら、怒《おこ》るどころか、もっと謝ってくる。まあ、中国から見たら面白いですよね。「軍隊が使えない」ということは、本当に大変なことですね。

武田　そうですね。

6 「戦略・戦術」を立てるポイント

「会社の理念をつくる」には一定の成功体験が必要

國領　それでは、戦略・戦術の立て方についてお伺《うかが》いしたいと思います。

戦略・戦術を立案するに当たりまして、まず、大きな観点から戦略を立てることから始まり、そのあと、いろいろな企画《きかく》・アイデアを出して戦術面を決めていくプロセスを取ると思うのですが、その企画・アイデアを統合して、筋のよい戦略・戦術にしていくためのコツがあれば教えていただけないでしょうか。

また、筋のよい戦略・戦術の見分け方のコツがあれば教えていただきたいと思います。

張良　ああ、それは難しいよ。やっぱり、「零細《れいさい》企業、中小企業から始めて、大きくなっていく過程で、戦略・戦術まで固められる」というのは、めったにあることじゃないよね。ある程度、大を成した段階で、会社の理念みたいなものも、かなりはっきりしてくるし、大きな会社になったら、「理念をつくり、それに基《もと》づいてやる」みたいな感じにできるんだけど、そういう理念は、それまでの間に、ある程度の成功の蓄積《ちくせき》がないとつくれないですね。

あるいは、乱世の時代でしたら、「いろいろと群雄割拠《ぐんゆうかっきょ》しているなかで、最初から戦略・戦術でもって天下統一ができるような人がいるか」といったら、まあ、いないですね。ある程度、天下の覇者《はしゃ》になれるのが見えてくるぐらいまで行かないと、そこまで行かないので、やっぱり、一定の成功体験は必要でしょうね。それで、「最終目標を示す」というかたちになります。

「幕府軍と対等」の段階で戦略・戦術がはっきりした維新《いしん》軍

張良　まあ、「戦略があって戦術がある」というのは、そのとおりです。国家レベルなら、そういう話だし、企業でも、世界企業レベルになれば、もちろん、そういうものはあると思うんですが、大部分の人は、そこまで行かず、やっぱり、「勝敗の原則」そのものの積み重ねから始まっていって、だんだん体系化していくことになりますね。

明治維新《いしん》みたいなものだって、そうだと思う。薩長《さっちょう》が「勝てる」と思っていないような時期に、そんな大きな戦略・戦術があったわけではないんです。実際に、将軍が大阪《おおさか》から逃《に》げて帰るようなことがあったあたりで初めて、幕府全体を倒《たお》せる戦略・戦術が立ってくることになりますわね。その少し前の長州攻《ちょうしゅうぜ》めをされているようなときは、そんなものが立つような状況《じょうきょう》ではなかったと思う。「何とかして、幕府の攻めから逃《のが》れ、潰《つぶ》れないように生き延びる」ということで精いっぱいだっただろうと思うんですね。

だから、必ずしも、最初から、「バシーッと戦略・戦術を考えてやれる」というようにはならないので、一定の規模までの成功を収めないといけない。まあ、少なくとも、「維新軍が幕府軍と対等に戦える」というところまで見えてきた段階で、その戦略・戦術というものは、かなりはっきりしてきますけどね。

トップが負け戦《いくさ》を選んだ場合、国も会社も潰《つぶ》れる

張良　ただ、戦略にかかわることとは、結局、トップと関係があるんです。だから、トップのほうが負け戦《いくさ》を選ぶ場合には、下がいくら優秀《ゆうしゅう》でも、もはや、どうにもならないものがありますね。

例えば、日本であれば、徳川《とくがわ》の最後の将軍の、十五代将軍でしたかね。水戸《みと》の

方ですか。水戸学は尊皇の学ですから、「錦《にしき》の御旗《みはた》」ということで、天皇を立てられ、官軍を名乗られた段階で、これに打ち勝つ方法が、徳川……、あれは、何て言うんだい？　慶喜《よしのぶ》さんかな？

武田　慶喜ですね。

張良　慶喜さんには思いつかなかったんですね。それに打ち勝つ方法を授《さず》けることができる人がいたら、別だったかもしれないんですが、あれに打ち勝つ方法を思いつかないうちに、どんどんどんどん、押《お》しまくられた状態になりましたし、交渉《こうしょう》側の勝《かつ》さんかな？　「幕府は滅《ほろ》びたほうがいい」なんて思っているような人を交渉役に出しているぐらいですから、それじゃあ、もう手引きしているのと、ほとんど変わらないですよ。あれじゃあ、駄目《だめ》ですね。

ただ、優秀な人材は幕臣にもいたみたいで、西郷《さいごう》軍が東海道《とうかいどう》を進んでいく途中《とちゅう》、駿河湾《するがわん》辺りに幕府の軍艦《ぐんかん》がありましたから、「軍艦を揃《そろ》えて、海から砲撃《ほうげき》をする」というのを立案していた人がいたようです。「それで、やられていたら、（官軍は）実は壊滅《かいめつ》状態になった」という案を立てた人もいたんだけど、上が駄目だった場合は、いくら、そういうことを立案しても勝てない。「あとから、その話を聞いてゾッとした」と聞いておりますけどね。まあ、そういうことはあります。

あとは、江戸《えど》が落ちてからあと、まだ、奥羽列藩《おううれっぱん》同盟とか、北海道へ逃げたりとか、いろいろとやっている人がいましたが、まあ、「戦略」というには、ちょっと語るに足らずというレベルに近かったですね。

これは、考え方を変えない者同士の戦いだったけど、次々と敗れていったので、（官軍も）あそこまで行くと、もう、「天下取り」の戦略が立っていたと思います。

だから、やっぱり、トップが駄目だった場合、（下が）どんなに頑張《がんば》っても、国は潰《つぶ》れるし、会社も潰れることはありますね。トップが駄目でも、まあ、そこそこ駄目なぐらいで、いい参謀《さんぼう》がつき、何とか、それを支えることができれば、潰れずに済むぐらいのことはできるんですが、トップが負ける場合は、もはや勝てないところがどうしてもあります。

あのとき、「思想的に天皇家を立ててくる官軍に勝てない」と言うんだったら、武勇のほうで、「いや、幕府がこの国を仕切るんだ」と言って押し切ってしまうぐらいの勇断さがあれば、やれなくはなかった。幕府も余分な軍勢を持っていたから、やれなくはなかったんだけど、それだけの勇気はなくて、「学者将軍だった」ということでしょうね。それでやられたわけです。

「幸福の科学の国教化」を恐《おそ》れているマスコミ

張良　あなたがたの参考になるようなことを言えるかどうか分からないけど、

「幸福の科学に戦略・戦術が要《い》るかどうか」ということになりますと、宗教としては、このレベルまで来たら、ある程度、戦略が要るかもしれません。敵もいるだろうしね。

「どうやって（敵を）打ち破るか」ということですが、今は、主として、既成《きせい》の政党やマスコミなどの勢力を打ち破って覇権を唱えるところまで行く前の段階でしょうか。「まだ、弱い宗教が長州攻めみたいなことをされて、潰れかかっているようなところから、盛り返してきたあたりかな」という感じはするんですよね。

ここから、どう立ち上がっていくかについては、トップの問題もあると思いますし、「教団として自分らの戦力をどう使うか」という問題もありますわね。

今、（目標として）幾《いく》つか追いかけているものがあるので、それが苦しいところなんだろうと思います。たぶん、政治のほうが最終仕上げになるから、あとになることは間違《まちが》いない。「学校をつくる」とか、「支部をつくる」とか、「海外で信者を増やす」とか、そちらのほうが、たぶん、先になっていくでしょう。

そりゃあ、政治でこの国を押さえてしまえば国教化しちゃいますからね。だから、最終段階ですよ。そんな簡単にいかないですよね。その前に、何段階も〝防《ぼう》塁《るい》〟が築かれるはずですから。マスコミたちは、そこまで来られるのを恐《おそ》れて、その前のところで食い止めようとしているわけでしょう？ （幸福の科学は）憲法改正も言っているし、政教分離《ぶんり》の原則を踏《ふ》み破ろうとしているのも明らかですからね。それで、マスコミに対しても、けっこう厳しく迫《せま》ってこようとしているのも見えていますから、事前のところで、バリアーを張ろうとしているのでしょう。

彼らは、操作できるぐらいの、要するに、自分たちマスコミの機嫌《きげん》を取り、支持率を気にしながら動いてくれるぐらいの政権に慣れてきているんです。もう何十年も、それに慣れてきているので、（幸福の科学から）全然違うかたちの考えが出てきて、ちょっと動揺《どうよう》しています。もし、国民が、そういう考え方に馴染《なじ》んできたら危険でしょう。マスコミから見ればね。

弾圧《だんあつ》を避《さ》けるために「天下取り」をあきらめた創価学会《そうかがっかい》

張良　既存の政党から見れば、もし宗教団体そのものが大きな力を本当に持っているとしたら、要するに、「（教団に）戦い続ける能力、継戦《けいせん》能力が、どのくらいあるか」というところが、一つのバロメーターになると思うんですよ。大きな宗教が継戦能力、戦い続ける能力を持っているとしたら、今、国から受けている政党助成金ぐらいで戦っても勝てないことになる可能性が出てくるのでね。

それから、すでに各政党には、政党の会員による支持母体があるけれども、宗教全体が（幸福実現党の）支持母体になったら、もっと強い可能性があるわね。

まあ、創価学会《そうかがっかい》は、公明党で、それを一回経験しているけど、彼らは、天下取りを事実上あきらめ、「与党《よとう》の側に入ることで、弾圧《だんあつ》を避《さ》ける」という道を選んだ。つまり、与党の側に連立して入ることで弾圧を避ける道を選び、天下取りをあきらめたけども、一部、その気分だけを味わうことによって、宗教団体のほうが持っていた最初の理想、天下取りの総体革命の理想を捨てて〝裾《すそ》〟のほうに入った。こうしたところで、だいたい、先は終わったわけです。「日本では、共産主義革命が起きないのと同じく、創価革命も起きないことは、もう決まった」ということですね。

だから、（マスコミは）「幸福の科学の場合、今後、どこまで行くか」というのを見極《みきわ》めているところです。これで、「大したことない」と見れば、甘《あま》く見ると思うんですよ。「二、三人ぐらい通れば、もう、それでいい」と満足するような団体なのか。もっと行くのか。そのへんをジーッと見ているところだと思うんです。

もう一つは、「既成の大政党が乗っ取られる」という可能性ですね。それへの心配はあると思います。例えば、「自民党が幸福の科学に乗っ取られるようなことがあったら、どうするか」ということですね。それも怖《こわ》いことは怖いです。だから、未来には、まだ予知しかねるものがありますねえ。

「中国は危険」という方向に動きつつある国論

張良　とにかく、中国問題では、中国を敵に回すようなことを言論として発信したので、みんなで（幸福実現党を）無視したんだと思うんですね。「中国と仲良くすれば、経済的にも回復できるのではないか。（中国の）経済力は、どんどんアップしてきているから、中国のほうから観光客を呼び、貿易も盛《さか》んにして一緒《いっしょ》に仲良くやれば、日本の沈滞《ちんたい》した経済が、もう一段、大きくなり始めるんじゃないか」という期待に賭《か》けたのが、前の民主党政権のときだったと思う。

それでガタガタになって、また自民党政権になったけれども、自民党にも、たぶん、「中国と完全な敵対関係になるようなら、まずいだろう」という考えはあると思うので、幸福の科学が言っていることを、そのまま呑《の》めるとは思えない。

ただ、現実問題としては、尖閣《せんかく》や竹島《たけしま》もそうですけども、何となく、「幸福の科学が『中国は拡張型の国家戦略をとってくる』と言っているのは、ある程度、当たっているのかな」という感触《かんしょく》は受けている。だから、首相の段階で、東南アジアのほうと、軍事同盟にちょっと近い経済同盟みたいなものを結ぼうと動き始めておりますよね。

このように、国論としては、ある程度、動いてきています。まだ完全に、ドンッと来ていませんけれども、（自民党は）「中国と仲良くするのは、かなり危険だ」と、ある程度、感じている。

あの政権では、それが出ているので、ここしばらくは「知力戦」かな。だから、「今の自民党政権下で何が起きるか。中国との関係がどうなるか。北朝鮮《きたちょうせん》との関係、アメリカとの関係がどうなるか。それらが、幸福の科学との関係で、どういう感じで進んでいくか」というところが、一つの見所《みどころ》でしょう。「ここに、幸福の科学が長期戦略を持っているかどうか」というところですね。

いろんな本には、「国教にする」という言い方もたくさん出ているし、「世界宗教にする」というようなことも教えとしてはたくさん出ているので、（マスコミ等は）「どこまで本気なのか」というところを読んでいましょうね。

「政党をやめるか、〝全軍〟を集結するか」という選択《せんたく》

武田　今、幸福実現党に関して、「最終的な勝利までには、もう少し時間が要るのではないか」ということでしたけれども、幸福実現党が勝てないながらも戦い

続け、最終的に勝利するためのポイントがございましたら、アドバイスを頂きたいと思います。

張良　だからねえ、宗教をやっているときには、なんか、天下取りをして、世界宗教になりそうな気になっていたんだと思う。

ところが、政治のほうに進出してみたら、教団の幹部をやっていたような人たちが、普通《ふつう》の政治家たちに敵《かな》わないというか、選挙で勝てない。そのギャップで、今、苦しんでいるんですよ。

それで、「外の人のほうが偉《えら》いのかな」という感じを受けて、負けてきている。今、敗走している状態で、「彼らが教団で言っているようなことは、単なる宗教のなかの幻想《げんそう》だったのかな。この世で活躍《かつやく》している人のほうが、やっぱり、偉かったのかな」みたいな気持ちになりかかっている。今は、このへんの境目のところだと思います。

「宗教と政治のギャップ」で苦しんでいる幸福実現党

張良　おそらく、今、（幸福の科学は）プロジェクトみたいなものをたくさん持っているんでしょうけど、最終的には、そういう、いろんなものをだいぶ片付けて、もっと政治のほうに力をグーッと押し込《こ》んでいかなければ、勝ちはないんだろうと思う。

今の人たちには、基本的に「負けるのが仕事」でやっているところがあります。基本的に負ける仕事ですね。だから、そういう気持ちになるけど、それを、会全体に伝播《でんぱ》しないようにしないといかんと思うんですね。

結局、政治は、教団自体が確立してきたら、専心して取り掛《か》かれるようになるものではありましょうね。

まあ、(幸福実現党は) 党首が替《か》わってやっておるようだけど、「『朝日新聞の記者だった』みたいなことを宣伝でやれる」と思っているぐらいだったら、朝日新聞のほうがはるかに偉いわね。社長になったわけでもないし、ただの記者でしょう? そりゃ、あちらのほうが偉いみたいな感じだから、この世に負けている状況だわねえ。

つまり、「宗教としての正当性のところを隠《かく》したほうが有利」と思うんだったら、それは、「政治のほうは、戦略的に先が見えている」ということを意味していますね。もう、壁《かべ》に当たって破れないでいるわけです。

これに対しては、「やめる」ということが一つと、もう一つは、「ほかのところが終わって〝全軍〟を集結し、力を合わせて破っていく」というやり方です。その、どちらかになりましょうね。

だから、「今の政党の戦い方で勝てる」と、私は思いませんね。むしろ、(マスコミ等は）「中国を敵視するキャンペーンを張ったりしていることで、敵を呼び起こすんじゃないか」みたいなことや、「日本のネオナチ運動みたいな感じで位置づけられるんじゃないか」という危険性のほうに恐怖《きょうふ》し始めると思う。追い込むための戦略的には、ネオナチのようなレッテルを貼《は》ってくるのが、いちばんやりやすいやり方ですのでね。まあ、そのへんのところかな。

幸福の科学が「選挙をやり続ける」ための条件とは

武田　では、負けを、「単なる負け」にしないためには、どうしたらよいのでしょうか。

張良　それは、選挙をやめたらいいんですよ。

武田　いや、やり続ける前提でですね……。

張良　やめたらいいんです。やめて、政権党を応援《おうえん》すればいいんですよ。信者がいったい何人いるやら、どれだけお金を出しているやら、実際に、どれだけ動いているやら、それは分かりませんけども、ただ、少なくとも、既成政党を応援すれば、彼らが有利になることは事実でありますよねえ。

だけど、同じような主義・主張を持ちながら別の党をつくったら、票は完全に割れますわね。「だから、(二〇〇九年の衆院選では）民主党政権ができた」とも言われているわけです。

武田　そうですね。ただ、「やり続ける」という前提に立ったときには、どのようなアドバイスになりますか。

張良　「やり続ける」ということを前提にした場合は、教団のほうで、これが運動として大きくなっていくシステムが出来上がっていなければ駄目だと思いますね。

そして、私は、次の代が確立していないと無理だと思います。次の代で教祖のできる人が出てきていて、教団を率いてやっていけることが見えている状態でないと、やっぱり、できないんじゃないかと思いますね。

政治のところは、非常に弾圧を受けやすいので、かなりの総掛かり戦でないと勝てないのですが、その場合には、全滅する可能性もあるわけです。

本来的には、今の流れでいけば、政治（幸福実現党）と宗教（幸福の科学）を表面上違うように見せて戦うのは、テクニック的に、マスコミに必ず追い込まれていきますけども、宗教のほうとしては、やっぱり、全力を尽《つ》くさなければできない。

まあ、創価学会なんかが、半年間、あるいは一年間、かかりっきりで選挙運動をやっているようだけど、幸福の科学はできていませんから、今のままでは、やっぱり厳しいですね。だから、まあ、「シンパ層ができてはいるんだけれども、組織に取り込めないでいる」というところですかねえ。

劉邦《りゅうほう》のように「最後に勝つ」という戦い方を

武田　やればやるほどシンパ層が増え、組織にも取り込んでいけるシステムをつくることが、ポイントですね？

張良　いやあ、教祖が多彩《たさい》な活躍をしていますけども、やっぱり戦力が分散しておりますよね。

つまり、「弟子《でし》のほうに、『漢《かん》の三傑《さんけつ》』みたいな感じで、それぞれ背負って立てるほどの人材がいない」ということですよ。理事長だってたくさん替わるでしょう？　これは、「それほどの人材がいない」ということですよね。そういう、はっきりとした〝柱〟がきっちり立っとれば、ある程度、やれるところもあるんですけどね。

だから、「項羽《こうう》と劉邦《りゅうほう》」の劉邦みたいに、「負けているように見えながら、最後に勝つ」という戦い方を、政治ではやるしかないと思いますね。それは、可能性としてあります。

ただ、そのためには、「政治のほうで、いくら負けたり悪口を書かれたりしても、本体の宗教のほうが、びくともしないかたちで、システム的に信者を増やしていける」という体制がつくれることが前提ですね。

「政治のほうで負けたら、信者が減っていく」という具合であったら、やっぱ

り、できなくなっていくと思います。ここが大きなポイントなんですよ。まあ、

ここのところですね。

武田　分かりました。

7 中国とロシアへの対応の仕方

周恩来《しゅうおんらい》は今、事実上、「中国の神」

石川　一点、お伺《うかが》いしたいのですけれども……。

張良　はい。

石川　「今の中国は、周恩来《しゅうおんらい》というか、蕭何《しょうか》が指導している」というお話もあったのですが（前掲《ぜんけい》『周恩来の予言』参照）。

張良　うん、うん。

武田　まず、「周恩来の過去世《かこぜ》は蕭何である」ということについて、これは事実でしょうか。

張良　ああ、それは、そうなんじゃないですか。

武田　そうですか。

さらに、周恩来の霊《れい》は、「私が中国の神である」と言っていまして……（前掲『周恩来の予言』参照）。

張良　今は、事実上、そうなんじゃないですか。

武田　そうですか。

張良　まあ、事実上ね。

今の中国では、毛沢東《もうたくとう》以前の時代が、ほとんど消えています。毛沢東革命以降の新しい中国では、みんな歴史を勉強しませんので、今の中国人は、毛沢東以降の抗日《こうにち》運動ばかりを一生懸命《いっしょうけんめい》、「歴史だ」と思っているのです。「そのなかで、力を持っている」という意味では、そうなのかもしれません。

武田　それで、今、新たな中華帝国《ちゅうかていこく》をつくろうとしておりまして、「日本をも侵略《しんりゃく》しようとしている」ということなのですが……。

張良　それだったら、大川隆法は、「漢《かん》の高祖《こうそ》だ」と名乗ったらいいんじゃないの？

武田　（笑）

石川　もっと偉《えら》いと思います。

武田　そうですね。

張良　名前は「隆法《りゅうほう》」と「劉邦《りゅうほう》」でしょう？　まあ、いいじゃないですか。

中国を民主化・自由化するのは「信仰《しんこう》の力」

武田　張良先生から見て、日本としては、そういった中国に、どのように対応していったらよいでしょうか。「守り」と「攻《せ》め」について、どうすればよいか、お教えください。

張良　まあ、「考え方で間違《まちが》わない」ということが大事ですけどね。自分たちが直接できなくても、ほかの政権であろうとも、考え方を間違わなければ対応できるところがあるので、今は、そういう意味での仕事はなさっているのかもしれないと思いますがね。

ただ、どうしても宗教パワーで勝ちたかったら、そりゃあ、習近平《しゅうきんぺい》を宗教的に呪《のろ》い殺したらいいんですよ。それがいちばん安上がりでしょうねえ。幸福の科学の力をもってすれば、殺せないことはないと思いますよ。みんなで祈禱《きとう》すれば、たぶん死ぬでしょう。

武田　F・ルーズベルトも、僧侶《そうりょ》などの加持《かじ》祈禱によって死んでしまったという説もあります（『原爆投下は人類への罪か？』〔幸福実現党刊〕参照）。

張良　心臓発作《ほっさ》かなんかで死ぬと思いますよ。それはできるから、いちばん安いでしょうね。原爆《げんばく》も要《い》らないと思います。まあ、代わりの者が出てくるかどうかは、まだ分かりませんけど、宗教的には倒《たお》せます。武器を使わなくてもやれなくはありませんが、ドラマとしてはあまり面白《おもしろ》くないですよね。

だから、できれば、台湾《たいわん》、香港《ホンコン》、韓国《かんこく》あたりの信者たちが増えていき、さらに（中国の）自治区とか、インド、ネパールとかにも増えていき、周りからなだれ込《こ》むようなかたちで、中国にこの信仰《しんこう》が入っていって、中国を民主化・自由化していく。そういう大きな力になるほうが、あなたがたにとっては、いい未来でしょうね。

海外にも「政党・学園・大学」のニーズが出てくるだろう

石川　劉邦軍は項羽《こうう》軍に負け続けていたと思いますが、その間に韓信《かんしん》軍が別働隊として各地を平定し、勢力を増やしていきました。

幸福の科学の場合も、韓信様のような人がいれば、インドなどで、信者を増やすことができるわけでしょうか。

張良　今は、その準備をしているんじゃないですか。

つまり、今、政党運動をやっていますけれども、学園とか、大学とかもつくっていますよね。海外だって、今後、そういうニーズは出てくるだろうし、たぶん、幸福実現党みたいなものをつくりたがる国も出てくるでしょう。インドなんか、教えが広がったら、すぐできると思いますよ。あるいは、イスラム教の国のなかには、宗教ができなくても、政党をつくることができますからねえ。

武田　そうですね。

張良　でしょ？　政治をやるんだったら、政党として活動することだって、できないわけではありませんしね。教育から入る手もありますし、今は、そういう意味での「味方をつくるための入り口」をたくさんつくっていくことです。

マスコミも、なんだかんだ言いながら、完全に敵にしないで洗脳をかけていく。(当会のことを）勉強しているうちに、だんだん信者化していくよう、〝馴《な》らして〟いくことが大事だろうと思いますね。

「日米同盟」を保ちつつロシアとの友好関係を結べるかは微妙《びみょう》ます。

石川　すみません。簡潔なお答えで結構なのですけれども、あと一つ、お伺いします。

ロシアとの北方領土交渉《こうしょう》がいつも引っ掛《か》かって、うまくいきませんが、張良様は、どのように解決するのがよいと思われますでしょうか。今度、森《もり》元首相がロシアに行かれるようですけれども（収録当時）……。

張良　まあ、問題的には小さいね。日本から見たら、北方領土あたりで上がる漁《ぎょ》獲高《かくだか》なんていうのは、もう本当に、年間十億（ドル）単位のものでしょう？　得られても、その程度のものですから、小さいことは小さいけれども、あれは、

「そこに生まれた」とかいうノスタルジーみたいなものでしょうね。

基本的に、領土というのは、戦争で取られた場合、戦争で取り返す以外は動かないのが普通《ふつう》なんですよ。それ以外でもらえるというのは、特別な利害関係ができた場合しかありませんね。

だから、日米同盟みたいになったら、戦争しなくても、沖縄《おきなわ》は返還《へんかん》されました。ロシアとも、そういう利害を共同するようになれば、返ってくることはあるかもしれませんが、それ以外では、「戦争で勝つ以外に、領土というのはなかなか取り返せないものだ」と、基本的に考えたほうがいいだろうと思います。まあ、ロシアと何らかの友好関係を推進していくことを、アメリカとの仲を保ちながらできるかどうかは分かりませんけどね。

先の大統領候補の共和党のロムニーさんは、ロシアを「仮想敵」なんて言っていたぐらいですから、まだ、そういう勢力がアメリカの保守派にあるんだったら、そんな簡単にロシアと友好な関係が結べるかどうかは微妙《びみょう》だと思います。「日本の安全保障のためにやっているんだ」と言っても、（アメリカが）そうは思わないかもしれませんからね。「ロシアと組んで、アメリカに対抗するかもしれない」とか、「地方自治（道州制）が成り立って、沖縄自治政府がロシアと同盟を結んでアメリカと対抗するようなことを思いついたらどうするか」とか（笑）、そういうことを（アメリカに）心配させるようなことになったら、いかんでしょうねえ。

革命を恐《おそ》れ、「宗教」に目を光らせている中国

張良　中国の場合、政府と国民は一体じゃありませんからね。そのへんは、いちおう分けて考えておいてほしいと思いますよ。今の体制を支持している人は一割ぐらいしかいないと思います。九割は、「変えたい」と思っているでしょう。

武田　そういう意味では、革命が近いのではないでしょうか。

張良　そうです。中国では、革命の端緒《たんしょ》は宗教なんですよ。だから、宗教に対して、今、ものすごく目を光らせています。

幸福の科学みたいにメディア性を持った宗教というのは、とっても怖《こわ》いと思いますね。だから、そういうのが、ドラマとしては面白いんじゃないでしょうかねえ。

武田　分かりました。

8 「張良の転生《てんしょう》」について

E・ケイシーによる「過去世《かこぜ》は毛利元就《もうりもとなり》」説は正しいか

武田　最後に、お話しになれる範囲《はんい》で結構なのですが、張良様の転生《てんしょう》についてお伺《うかが》いします。その後は、どのような転生をされているのでしょうか。

張良　ああ、どうなんでしょう。あなたがたは立派な仕事をなされているのかもしれませんが、私は大した仕事をしていないものでね。

武田　過去に行われたエドガー・ケイシー霊《れい》によるリーディングでは、張良様は、その後、日本にお生まれになっているようです。

張良　ほう……。確かに、日本語をしゃべっていますね。

武田　そうですね。その際、「戦国時代に毛利元就《もうりもとなり》という名前で生まれている」と語られましたが、いかがでしょうか。

張良　毛利元就ねえ……。うーん、私としては、記憶《きおく》がちょっとはっきりしませんな。そんなにはっきりとした記憶がないですね。

武田　日本の戦国時代に生まれた記憶はあるのでしょうか。

張良　うーん、まあ、どこかで何か、お手伝いしたことはあったかもしれない。

武田　どなたのお手伝いでしょうか。

張良　ええ、まあ……。軍師的な手伝いをしたことはあるかもしれませんけどもねえ。毛利元就は、どうですかねえ。ちょっと……、うーん、私ではないような気がします。

ケイシーさんは、日本の歴史にそれほど詳《くわ》しくないんじゃないでしょうかね？

武田　そうですか。それでは、「戦国時代の中国地方の人」といった、場所や時代については合っていますか。

張良　うーん。まあ、軍師を何人か当たってみりゃ、そのなかの一人の可能性が高い。

石川　黒田官兵衛《くろだかんべえ》とか……。

張良　どうかなあ……。若干《じゃっかん》、違《ちが》うかもしれませんねえ。（注。二〇一三年四月、長谷川慶太郎《はせがわけいたろう》氏の守護霊霊言《しゅごれいれいげん》を収録した際、同霊人《れいじん》が黒田官兵衛を名乗っていた。『長谷川慶太郎の守護霊メッセージ』〔幸福の科学出版刊〕参照）。

石川　戦国時代の軍師ですか。

張良　さあ、どうでしょうか。まあ、分かりませんけどね。そういう活動も、そのうち明らかになってくるから、それはいいんじゃないですか。

「直前世《ちょくぜんせ》は渋沢栄一《しぶさわえいいち》」というリーディングには同意

武田　では、少しスキップしますが、その後も日本にお生まれになっていますよ
ね?

張良　まあ、そうかなあ。そうかもしれない。

武田　最近はいかがですか。

張良　最近?　うーん、そうかな。

武田　どなたとしてお生まれになっていますでしょうか。

張良　うーん、まあ……、最近は、企業《きぎょう》に関係があるかもしれないなあ。

武田　そうですか。ケイシー霊によれば、「渋沢栄一《しぶさわえいいち》である」とのことですが。

張良　うんうん。そのへんになると当たってくるのかなあ。

武田　それは、「そうだ」ということですね？

張良　そのへんになってくると、アメリカ人でも分かるか。

武田　そうですね。「ドラッカーも尊敬していた」という事業家ですね。

張良　まあ、分かるかなあ。ドラッカー本人にしてくれたって構わないんだけどな。ハハハハハ……。

武田　（笑）分かりました。

名軍師を名乗るには「人に認められるだけの成功」が必要

武田　では、現代はいかがでしょうか。

張良　さあ、どうだろうねえ。知らんね。知らん。

武田　現代にお生まれになっていますでしょうか。

張良　知らん、知らん。

武田　明治時代に活躍《かつやく》した方が転生して、けっこう現代に生まれているのですが……。

張良　ああ、そう。知らん。

武田　「知らん」と?

張良　うん、知らん。

石川　「立ち位置」としては、中国ではなく、日本側でしょうか。

張良　知らん。まあ、日本語はしゃべれるけども、知らん。それは知らん。

武田　まさに、「政党を、強くしっかりとした、天下を取れるものにしていきたい」というお気持ちでしょうか。

張良　まあ、軍師もねえ、成熟するまでに時間がかかるのよ。名軍師として名が立つまでには、ちょっと時間がかかるの。成功体験というか、何かをやって成功しないと、やはり、人は認めてくれないものでね。

そんなね、まだ何にもやってないのに、そういうふうに言うのは、あまりいいことではないと思いますよ。

武田　なるほど。分かりました。

張良　だから、少なくとも、「今までに、幸福実現党の幹部として出た人のなかにはいない」ということですね。誰《だれ》も成功していませんからね。

今世《こんぜ》の予定は「国際的な舞台《ぶたい》で活躍《かつやく》できる企業家《きぎょうか》」

武田　はい。それでは、今世《こんぜ》の使命は、どんなものになるのでしょうか。

張良　ハッ！（会場笑）そこまでおっしゃるか。

武田　今世の予定ですね。

張良　うーん、そうやねえ。「世界を股《また》にかけたい」という感じはありますかなあ。世界を股にかけたい感じがありますね。

だから、「企業家《きぎょうか》になるなら、国際的な舞台《ぶたい》で活躍《かつやく》できるような企業家になりたいけども、まだ、ほかの方面へ転身する可能性もあるかなあ」とは思っております。

まあ、「大きな懸《か》け橋みたいなものになれるんだったら、政治家でもいいなあ」とは思ってますけどもね。

武田　はい、分かりました。本日は、さまざまなアドバイスを頂きまして、ありがとうございました。

張良　はい、はい。ありがとうございました。

9 「天才軍師」出現への期待

大川隆法　なかなか慎重《しんちょう》で、よろしいのではないでしょうか。やはり、まだ成功していないのに、「するかもしれない」と、あまり言わないほうがよいのかもしれません。落差が大きいと、そのあとの苦しみになることもあります。したがって、成功してから、「張良の生まれ変わりである」と認めていただいたほうがよいかもしれません。

少なくとも、今のところ、どの弟子《でし》にも、まだ大した実績がありません。もう少し実績が要《い》るでしょうね。

奇抜《きばつ》なアイデアで教団を発展させるような力を持つ人が誰《だれ》か出てくれると、うれしいですね。

もし、「英傑《えいけつ》が三人ぐらい集まれば、大秦帝国《だいしんていこく》が壊《こわ》れ、新しい国が建つところまで行く」ということであれば、私たちにも可能性があるかもしれません。組み合わせがうまくいけばね。三人ぐらいの人材であれば、手に入らないこともないかもしれません。

ただ、これについては、あまり言ってもしかたがないでしょう。では、よろしいでしょうか。

武田　ありがとうございました。

あとがき

兵法の極意は、奇《き》をてらわず、本道かつ正攻法で勝つことであろう。いや、むしろ戦わずして勝つことかもしれない。

数多くの敵と血みどろの戦いを繰り返して勝利を収めていく「レッド・オーシャン戦略」が八十パーセントの競争戦略だろう。しかし、敵がまだ獲物《えもの》の存在に気づいていない未知の世界で一人勝ちしていく「ブルー・オーシャン戦略」こそ、真の参謀が考えるべき作戦であろう。先発して、ある程度の成功を収めているもののマネばかりしても、追いつき、追い越すことは大変だ。常に未知なる世界を切り拓《ひら》き、成功することも考え続けなくてはなるまい。

二〇一三年　七月三十日

幸福実現党総裁《こうふくじつげんとうそうさい》　大川隆法《おおかわりゅうほう》

『真の参謀の条件』大川隆法著作関連書籍

『百戦百勝の法則――韓信流・勝てる政治家の条件――』(幸福実現党刊)
『原爆投下は人類への罪か?』(同右)
『周恩来の予言』(幸福の科学出版刊)
『イスラム過激派に正義はあるのか』(同右)
『イラク戦争は正しかったか』(同右)
『長谷川慶太郎の守護霊メッセージ』(同右)

真《しん》の参謀《さんぼう》の条件《じょうけん》 ―天才軍師・張良の霊言―

2013年 8 月 9 日　初版第 1 刷

著　者　　大《おお》　川《かわ》　隆《りゅう》　法《ほう》

発　行　　幸福実現党

〒107-0052 東京都港区赤坂 2 丁目10番 8 号
TEL(03)6441-0754

発　売　　幸福の科学出版株式会社

〒107-0052 東京都港区赤坂 2 丁目10番14号
TEL(03)5573-7700
http://www.irhpress.co.jp/

印刷・製本　株式会社 東京研文社

落丁・乱丁本はおとりかえいたします

ISBN978-4-86395-372-7 C0030
イラスト：水谷嘉孝

大川隆法 霊言シリーズ・党首への守護霊インタビュー

公明党が勝利する理由

山口代表 守護霊インタビュー

公明党は、政権与党で何をしてくれるのか？ 選挙戦略の秘訣から創価学会との関係、そして外交・国防、憲法改正等、山口代表の本音に直撃！
【幸福実現党刊】

1,400円

共産主義批判の常識

日本共産党 志位委員長守護霊に直撃インタビュー

暴力革命の肯定と一党独裁、天皇制廃止、自衛隊は共産党軍へ——。共産党トップが考える、驚愕の「平等社会」とは。共産主義思想を徹底検証する。

1,400円

そして誰もいなくなった

公開霊言
社民党 福島瑞穂《みずほ》党首へのレクイエム

増税、社会保障、拉致問題、従軍慰安婦、原発、国防——。守護霊インタビューで明らかになる「国家解体論者」の恐るべき真意。

1,400円

※表示価格は本体価格（税別）です。

大川隆法 霊言シリーズ・正しい歴史認識を求めて

「河野談話」「村山談話」を斬る！

日本を転落させた歴史認識

根拠なき歴史認識で、これ以上日本が謝る必要などない!! 守護霊インタビューで明らかになった、驚愕の新証言。「大川談話（私案）」も収録。

1,400円

安重根は韓国の英雄か、それとも悪魔か

安重根 & 朴《パク》槿《ク》惠《ネ》大統領守護霊の霊言

なぜ韓国は、中国にすり寄るのか？ 従軍慰安婦の次は、安重根像の設置を打ち出す朴槿惠・韓国大統領の恐るべき真意が明らかに。

1,400円

神に誓って「従軍慰安婦」は実在したか

いまこそ、「歴史認識」というウソの連鎖を断つ！ 元従軍慰安婦を名乗る2人の守護霊インタビューを刊行！ 慰安婦問題に隠された驚くべき陰謀とは!?
【幸福実現党刊】

1,400円

幸福の科学出版

大川隆法 霊言シリーズ・現代日本へのメッセージ

天照大神の未来記

この国と世界をどうされたいのか

日本よ、このまま滅びの未来を選ぶことなかれ。信仰心なき現代日本に、この国の主宰神・天照大神から厳しいメッセージが発せられた!

1,300円

「首相公邸の幽霊」の正体

東條英機・近衛文麿・廣田弘毅、日本を叱る!

その正体は、日本を憂う先の大戦時の歴代総理だった! 日本の行く末を案じる彼らの悲痛な声が語られる。安倍総理の守護霊インタビューも収録。

1,400円

中曽根康弘元総理・最後のご奉公

日本かくあるべし

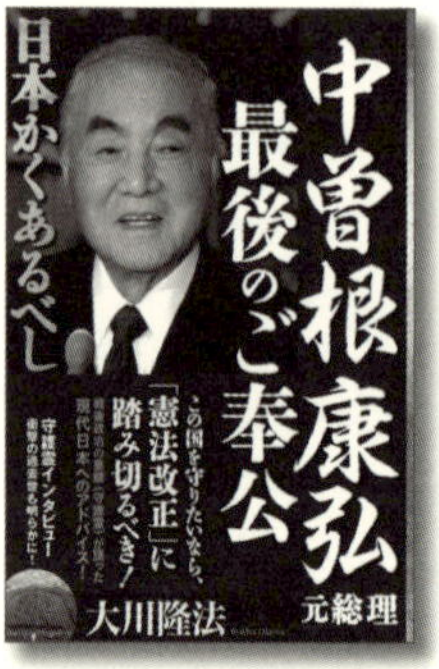

「自主憲法制定」を党是としながら、選挙が近づくと弱腰になる自民党。「自民党最高顧問」の目に映る、安倍政権の限界と、日本のあるべき姿とは。

【幸福実現党刊】

1,400円

※表示価格は本体価格(税別)です。

大川隆法 ベストセラーズ・最新刊

大川隆法の守護霊霊言

ユートピア実現への挑戦

あの世の存在証明による霊性革命、
正論と神仏の正義による政治革命。
幸福の科学グループ創始者兼総裁
の本心が、ついに明かされる。

1,400円

政治革命家・大川隆法

幸福実現党の父

未来が見える。嘘をつかない。タブー
に挑戦する——。政治の問題を鋭く
指摘し、具体的な打開策を唱える幸福
実現党の魅力が分かる万人必読の書。

1,400円

素顔の大川隆法

素朴な疑問からドキッとするテーマま
で、女性編集長3人の質問に気さくに
答えた、101分公開ロングインタビュー。
大注目の宗教家が、その本音を明かす。

1,300円

幸福の科学出版